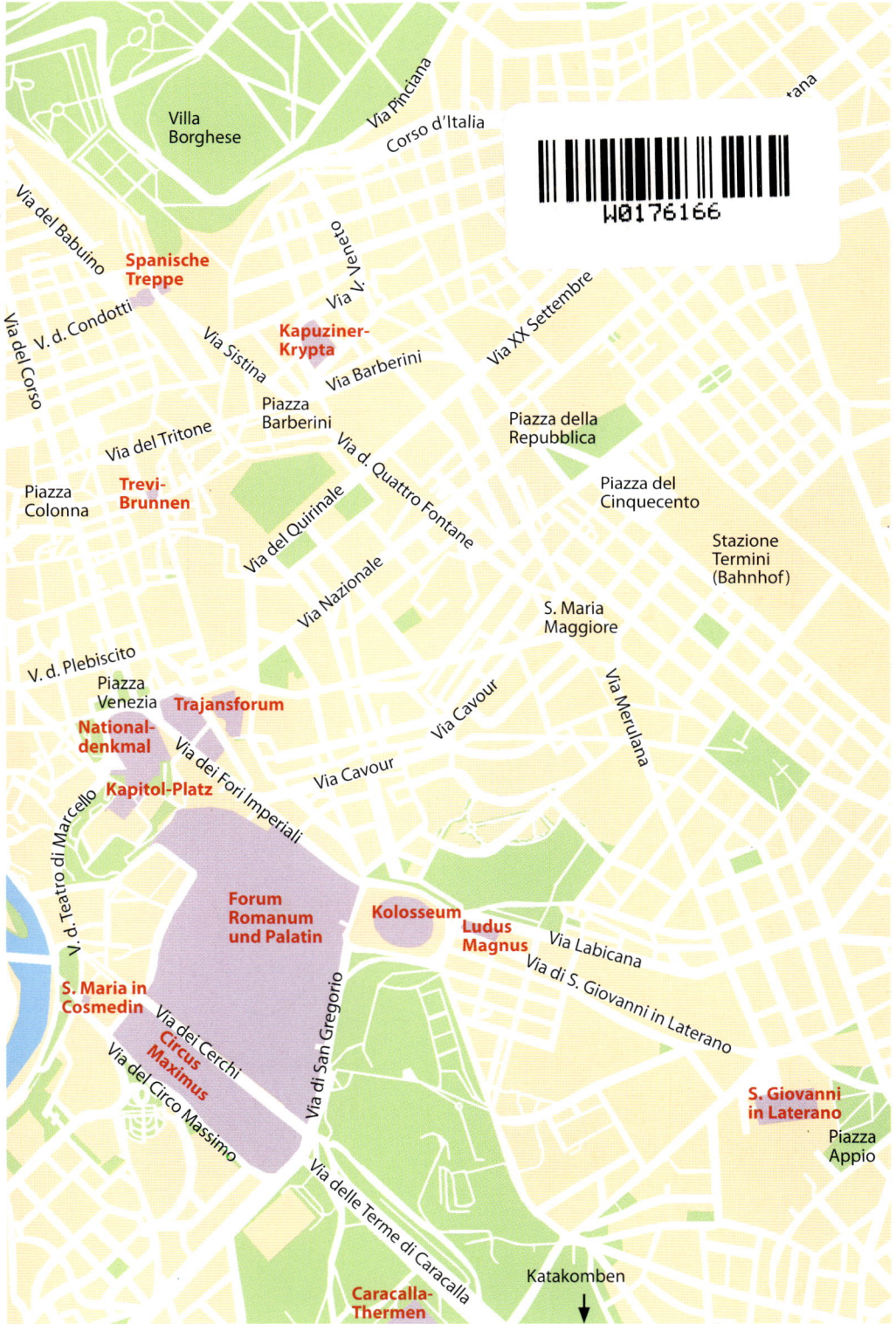

Wir freuen uns über deine Meinung zum Reiseführer und über Verbesserungsvorschläge! Schick uns eine E-Mail an: info@lonitzberg.at
Unter allen Einsendungen verlosen wir monatlich – unter Ausschluss des Rechtswegs – ein Überraschungspäckchen.

Besuch uns auch im Internet: www.lonitzberg.at

3., überarbeitete und aktualisierte Auflage 2019
© Verlag Lonitzberg, Wien

Alle Rechte vorbehalten.

Text: Kristina Pongracz
Illustrationen: Janosch A. Slama
Gestaltung: Bienenstein Visuelle Kommunikation, Ursula Grande
Druck und Bindung: Prime Rate, Budapest

ISBN: 978-3-903289-00-0

Die Symbole bedeuten:

✉	Adresse
Ⓜ	U-Bahnlinie und -haltestelle
🚋	Straßenbahnlinie und -haltestelle
🚌	Autobuslinie und -haltestelle
🕐	Öffnungszeiten
€	Es ist Eintritt zu bezahlen. / Der Eintritt ist frei.
💻	Internetadresse (Italienisch, aber meistens gibt es auch eine englische Version)
☎	Telefonnummer
❗	zusätzliche Information

Rom für dich!

Der Reiseführer mit Comics und Rätseln

Name und Adresse deines Hotels:

Wenn du von Rom nach Hause telefonieren willst, musst du zuerst die Vorwahl deines Landes wählen und dann die Telefonnummer ohne die erste 0.

Vorwahl: Deutschland: 0049, Österreich: 0043, Schweiz: 0041
            Rom aus dem Ausland: 0039-06
Notruf: 112

4

Inhaltsverzeichnis

Orientierungsplan 1
Willkommen in Roma! 6
Romulus und Remus: Wie alles begann … 7
Zeitreise: Vom Anfang bis heute 8
Tempel, Kirchen und Paläste: Roms Architektur 12
So viel zu sehen! 14

Forum Romanum und Palatin 15
Kolosseum 28
Tour 1: Römische Plätze
    (Piazza Navona, Pantheon, Trevi-Brunnen, Spanische Treppe …) ... 34
Tour 2: Noch mehr Rom!
    (Trajansforum, Kapitol, S. Maria in Cosmedin, Ghetto, Trastevere …) ... 44
Vatikan 54
Petersplatz 56
Petersdom 57
Vatikanische Museen 64
Katakomben 72
Kapuzinerkrypta, Katzenheim 74

Ein bisschen Italienisch 75
Römische Zahlen 76
Witze 78
Rom-Quiz 80
Lösungen 82
Register 84
U-Bahnplan 88

Auf der linken Seite siehst du die Zwillinge **Romulus und Remus,** die der Sage nach Rom gegründet haben (→ S. 7).
Entdeckst du die 10 Unterschiede?
Das Bild stammt von Peter Paul Rubens. Du findest es in den Kapitolinischen Museen (→ S. 49).

Willkommen in Roma!

… so heißt Rom nämlich auf Italienisch. Rom ist die **Hauptstadt von Italien** und liegt ungefähr in der Mitte des „Stiefels". Rom ist auch die größte Stadt des Landes: **2,9 Millionen Menschen** leben hier. (Zum Vergleich: Berlin hat 3,6 Millionen Einwohner, Wien 1,9 Millionen und Bern 142.000.)

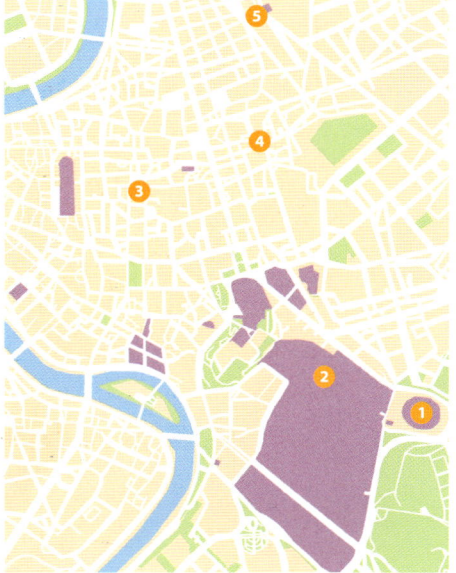

Du wirst dich wahrscheinlich vor allem im Stadtzentrum aufhalten, denn hier befinden sich die meisten Sehenswürdigkeiten: das **Kolosseum ❶**, das **Forum Romanum ❷**, das **Pantheon ❸**, der **Trevi-Brunnen ❹**, die **Spanische Treppe ❺** und vieles mehr.

Rom ist **weltweit die einzige Stadt, in der sich ein anderer Staat** ⟦REKORD⟧ **befindet:** der **Vatikan.** Und der ist wiederum der **kleinste Staat der Welt** (sonst hätte er ⟦REKORD⟧ ja keinen Platz in Rom).

Romulus und Remus: Wie alles begann ...

Zeitreise

Sieben, fünf, drei – Rom schlüpft aus dem Ei

Der Sage nach wurde Rom von den Zwillingen **Romulus und Remus** im Jahr 753 vor Christus gegründet, und Romulus war angeblich auch Roms erster König.

In Wahrheit siedelten sich hier schon früher verschiedene Stämme an. Die Lage war günstig, denn durch eine **Insel im Tiber** konnte man den Fluss an dieser Stelle gut überqueren.

Weil das Gebiet **sumpfig** war, bauten die Menschen ihre Häuser auf (der Überlieferung nach: sieben) **Hügeln.** So waren sie auch vor Überschwemmungen durch den Tiber geschützt.

Die Bewohner der Hügel schlossen sich zusammen und gründeten eine Siedlung: Roma.

Rom wurde **von Königen** aus dem Volk der Etrusker **regiert – bis die Römer den siebenten König absetzten.**

Die römische Republik

Nun wurde Rom eine **Republik:** Die **Volksversammlung** wählte jedes Jahr **zwei Konsuln,** die die Stadt regierten. Sie wurden vom **Senat** beraten, der großen Einfluss auf die Politik hatte.

Das starke römische **Heer** eroberte zuerst Italien und dann die Gebiete rund ums Mittelmeer. Von ihren Kriegszügen brachten die römischen Soldaten Unmengen an Kriegsbeute nach Hause.

Die Kriegsgefangenen wurden versklavt und waren billige Arbeitskräfte.

Es war nicht einfach, das Reich zu regieren. Machtkämpfe brachen aus, und es kam wiederholt zu Unruhen. Da gelang es **Julius Cäsar,** an die Macht zu kommen. Er ließ sich zum **Alleinherrscher** ernennen.

Dem Senat passte das natürlich gar nicht, denn er verlor dadurch seine Macht. Einige Senatoren schlossen sich zusammen und ermordeten Cäsar.

---

753 vor Christus
Der Sage nach wird Rom in diesem Jahr gegründet.

509 v. Chr.
Der König wird abgesetzt. Rom wird eine Republik.

44 v. Chr.
Julius Cäsar wird ermordet.

64 nach Chr.
Rom brennt. Erste Christenverfolgung

Vom Anfang bis heute

Das Kaiserreich

Cäsars Adoptivsohn **Augustus** stellte die Republik zwar offiziell wieder her, doch hinter den Kulissen machte er aus ihr ein **Kaiserreich.**

Im 2. Jahrhundert n. Chr. erreichte das Römische Reich seine **größte Ausdehnung:** Es erstreckte sich über einen **Großteil Europas** und über **Teile Nordafrikas und Asiens.**

Es wurde immer schwieriger, dieses riesige Reich zu regieren und die Grenzen zu verteidigen. Deshalb richteten die Kaiser **zusätzliche Herrschaftssitze** in der Nähe der Grenzen ein – Rom blieb aber zunächst die Hauptstadt.

Doch dann machte Kaiser Konstantin Konstantinopel (das heutige Istanbul) zur Hauptstadt, und **Rom verlor stark an Bedeutung.**

Während der Völkerwanderung wurde Rom **von den Goten erobert** und der Kaiser abgesetzt. Das war das **Ende des Römischen Reiches.**

Rom und die Christen

Nach dem Tod von Jesus Christus verbreiteten die Apostel **Petrus und Paulus** in Rom die christliche Lehre. Vor allem arme Leute und Sklaven fühlten sich von der **neuen Religion** angesprochen, nach der alle Menschen gleich sind.

Die Kaiser empfanden das Christentum als Bedrohung – sie hielten gar nichts von der Gleichheit der Menschen (denn dann hätte es ja auch keine Sklaven geben dürfen). Tote Kaiser wurden sogar als Götter verehrt – doch für die Christen kam das nicht in Frage.
Es kam zu **Christenverfolgungen,** das erste Mal unter Kaiser Nero, der nach einem Feuer die Christen der Brandstiftung beschuldigte.

Doch die Zeiten änderten sich: Weil Kaiser **Konstantin** glaubte, dass er die Schlacht an der Milvischen Brücke mit der Hilfe des Christen-Gottes gewonnen hatte, **erlaubte** er **das Christentum.**

Später erklärte Kaiser Theodosius es sogar zur **Staatsreligion.**

313 n. Chr.
Konstantin erlaubt das Christentum.

330 Konstantin verlegt die Hauptstadt von Rom nach Konstantinopel.

391
Das Christentum wird Staatsreligion.

476
Ende des Römischen Reiches

Zeitreise

Mittelalter – Der Aufstieg der Päpste

Nach dem Ende des Römischen Reiches schrumpfte Roms Bevölkerung auf 20.000 Einwohner – davor hatten hier bis zu einer Million Menschen gelebt.

Doch nun entstand eine **neue Macht:** das **Papsttum.**
Jesus hatte den Apostel Petrus zum Leiter der Christen bestimmt. Weil Petrus Bischof von Rom gewesen war, sahen sich auch alle römischen Bischöfe nach ihm als Oberhaupt der Kirche. Sie nannten sich „Papst" und herrschten über ein eigenes Gebiet, den **Kirchenstaat,** der im Lauf der Zeit immer größer wurde. **Rom** war seine **Hauptstadt.**

Durch den Einfluss des französischen Königs übersiedelten die Päpste im 14. Jahrhundert in die französische Stadt **Avignon.**

Erst nach 68 Jahren kamen sie wieder nach Rom zurück.

Rom, die Stadt der Kunst

Mit der Rückkehr der Päpste gewann Rom wieder an Bedeutung. Die bekanntesten Künstler kamen hierher und bauten prächtige **Kirchen und Paläste.** Auch die **Peterskirche,** die von Kaiser Konstantin errichtet worden war, wurde neu gebaut.

Während der Großteil der römischen Bevölkerung arm war, genossen die reichen Adelsfamilien ein Leben im Luxus. Auch die Päpste lebten verschwenderisch und nicht nach den Grundsätzen der Kirche. Das (und einiges mehr) stieß bei den Gläubigen auf Ablehnung, und es kam zur **Reformation** und der Abspaltung des protestantischen Glaubens.

Als Reaktion darauf ließen die Päpste **weitere Kirchen und andere Bauten** errichten, mit denen sie **den katholischen Glauben verherrlichen** und Pilger anziehen wollten. Im Barock wurden viele Plätze neu gestaltet.

1309 – 1377
Die Päpste in Avignon

1506 - 1626
Bau der neuen Peterskirche

1871
Rom wird Hauptstadt des Königreichs Italien.

Vom Anfang bis heute

Vom Kirchenstaat zum Königreich

1861 schlossen sich die Regionen der italienischen Halbinsel zum Königreich Italien zusammen. Ihre Truppen eroberten Rom und verkündeten das **Ende des Kirchenstaates.** Der Papst zog sich in den Vatikan zurück. Rom wurde die **Hauptstadt des Königreichs Italien.**

1922 erzwang Benito **Mussolini** seine Ernennung zum Ministerpräsidenten. Er sah sich als „neuer Kaiser Augustus" – passend dazu verherrlichte er das antike Römische Reich und ließ dessen Bauwerke ausgraben.

Mussolini und der Papst einigten sich in den sogenannten Lateranverträgen: Der Papst behielt das Gebiet rund um die Peterskirche, das ein eigener Staat wurde: der **Vatikan.**

Im Zweiten Weltkrieg kämpfte Italien auf der Seite Deutschlands. Nach dem Krieg musste der König abdanken. Rom wurde die **Hauptstadt** der neu gegründeten **Republik Italien.**

Rom heute

Heute hat Rom ungefähr 2,9 Millionen Einwohner.

Überall stößt man auf die römische Geschichte: Einige antike Gebäude sind noch erhalten, und es gibt Unmengen an Ruinen. Auch auf Baustellen stoßen die Arbeiter immer wieder auf antike Reste.

Das schafft auch **Probleme,** denn wie kann man Neues bauen, ohne Altes zu zerstören? Aus diesem Grund verzögert sich zum Beispiel der Ausbau der dritten U-Bahnlinie immer wieder – und die brauchen die Römer dringend, denn der römische **Verkehr** ist sehr **chaotisch!** Kein Wunder – Rom ist die europäische Hauptstadt mit den meisten Autos pro Einwohner.

Rom ist auch eine **wichtige Tourismusstadt.** Mehr als zehn Millionen Besucher kommen jedes Jahr hierher – zu besonderen Anlässen sind es noch viel mehr. Und du bist einer von ihnen!

1929
Der „Staat Vatikanstadt" wird gegründet.

1946
Rom wird Hauptstadt der Republik Italien.

2013
Franziskus I. wird zum Papst gewählt.

Tempel, Kirchen und Paläste

Antikes Rom
circa 500 vor Christus – 400 nach Christus

Die Römer orientierten sich zunächst an der Kunst der Etrusker. Nach der Eroberung Griechenlands nahmen sie sich dann die **griechische Kunst zum Vorbild**.

Römische Tempel sind meist rechteckig und stehen auf einem hohen Podium. Eine breite Treppe führt hinauf zur Vorhalle. Dort tragen Säulen einen Querbalken mit einem dreieckigen Giebel darauf. Im Hauptraum des Tempels befindet sich eine Götterstatue.

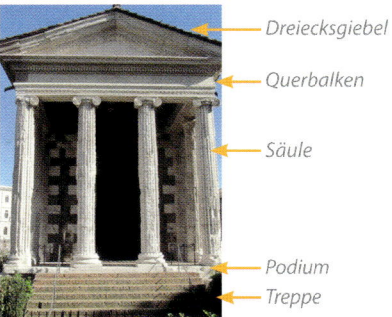

Dreiecksgiebel
Querbalken
Säule
Podium
Treppe

Tempel des Portunus (Forum Boarium)

Die Römer perfektionierten den **Rundbogen** und verwendeten ihn für Fenster, Eingänge, Kuppeln und Gewölbe.

Rundbogen
Rundbogen
Rundbogen

Kolosseum

Romanik
circa 1000 – 1300

Aus dem Mittelalter sind vor allem **romanische Kirchen** erhalten. Auch in der Romanik wurden **Rundbögen** bei Fenstern und Eingängen eingesetzt. Romanische Kirchtürme erkennst du an den übereinanderliegenden, zusammenhängenden Rundbogenfenstern.

Kirchturm mit Rundbogenfenstern
Rundbogen
Rundbogen

Santa Maria in Cosmedin

Aus der Romanik stammen auch kunstvolle Mosaike aus bunten Steinplättchen. Nach der Künstlerfamilie Cosmati nennt man sie **Cosmaten-Mosaike.**

San Giovanni in Laterano

Roms Architektur

Renaissance
circa 1400 – 1600

Als die Päpste aus Avignon zurückkehrten, wurde wieder viel gebaut.

„Renaissance" ist Französisch und bedeutet „Wiedergeburt", denn die **Vorbilder** für diese Zeit waren **antike Bauten.** Gebäude aus der Renaissance haben deshalb oft Kuppeln, Säulen und Dreiecks- oder Rundgiebel. Sie sind klar und überschaubar.

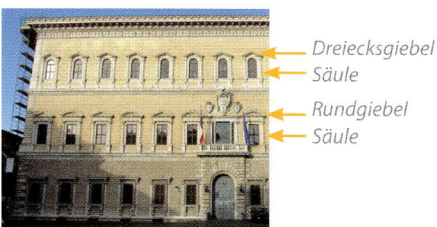

Palazzo Farnese

Das größte Projekt der Renaissance war der **Neubau der Peterskirche** (wegen der langen Bauzeit findest du hier auch schon Elemente des Barock).

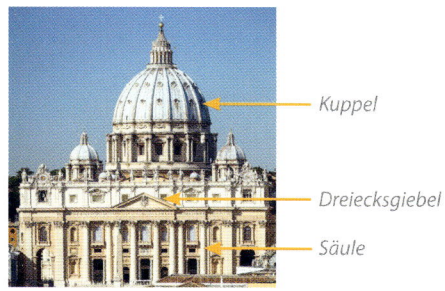

Petersdom

Die bedeutendsten Künstler der Renaissance waren **Michelangelo, Raffael** und **Bramante.**

Barock
circa 1600 – 1800

Die Renaissance entwickelte sich weiter zum Barock. Die Kirchen und Paläste sehen ähnlich aus wie in der Renaissance, aber sie sind **viel mehr geschmückt,** denn es galt: **je prunkvoller, desto besser!** An den Fassaden der Gebäude findest du deshalb viele Figuren und andere Verzierungen.

Sant'Agnese in Agone

Im Barock ließen die Päpste viele **Plätze** neu gestalten und etliche **Brunnen** und **Obelisken** (→ S. 37) aufstellen.

Trevi-Brunnen

Die berühmtesten Künstler dieser Zeit waren **Bernini** und **Borromini.**

So viel zu sehen!

Hier kannst du ankreuzen, was du gesehen hast und wie es dir gefallen hat.

gesehen	Cool!	o. k.	na ja …
○ Forum Romanum	○	○	○
○ Palatin	○	○	○
○ Kolosseum	○	○	○
○ Piazza Farnese	○	○	○
○ Campo de' Fiori	○	○	○
○ Pasquino	○	○	○
○ Piazza Navona	○	○	○
○ Pantheon	○	○	○
○ Trevi-Brunnen	○	○	○
○ Spanische Treppe	○	○	○
○ Babuino	○	○	○
○ Piazza del Popolo	○	○	○
○ Trajansforum	○	○	○
○ Nationaldenkmal	○	○	○
○ antikes Mietshaus	○	○	○
○ Kapitol	○	○	○
○ Marcellus-Theater	○	○	○
○ Santa Maria in Cosmedin	○	○	○
○ Ghetto	○	○	○
○ Tiberinsel	○	○	○
○ Trastevere	○	○	○
○ Petersplatz	○	○	○
○ Petersdom	○	○	○
○ Vatikanische Museen	○	○	○
○ Engelsburg	○	○	○
○ Katakombe	○	○	○
○ Kapuzinerkrypta	○	○	○
○ Largo di Torre Argentina	○	○	○
○ Villa Borghese	○	○	○

Forum Romanum

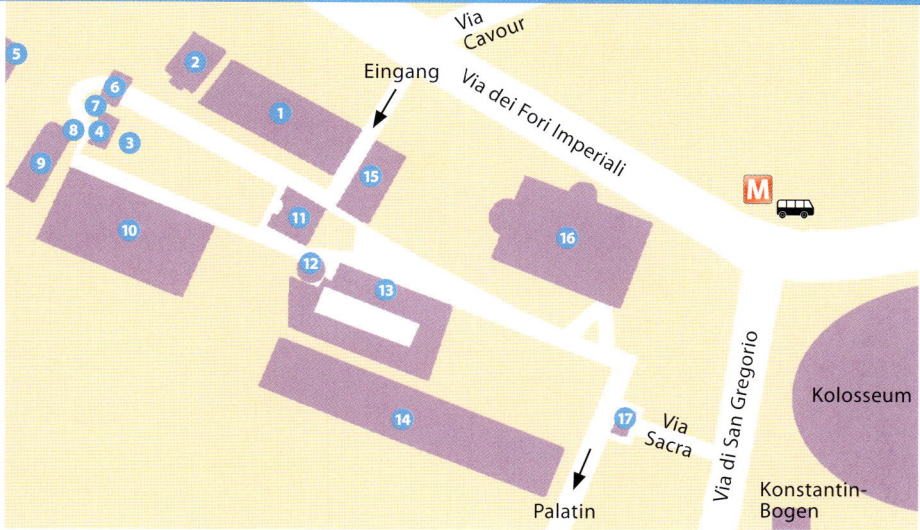

1. Basilika Aemilia
2. Kurie
3. Versammlungsplatz
4. Rednertribüne
5. Staatsarchiv
6. Triumphbogen des Septimius Severus
7. Nabel der Stadt
8. Goldener Meilenstein
9. Saturn-Tempel
10. Basilika Julia
11. Cäsar-Tempel
12. Vesta-Tempel
13. Haus der Vestalinnen
14. Kaiserpalast am Palatin
15. Tempel des Antoninus Pius und der Faustina
16. Maxentius-Basilika
17. Titus-Bogen

✉ Via dei Fori Imperiali (gegenüber der Via Cavour)
Ⓜ B Colosseo
🚌 Mo–Sa: **51, 75, 85, 87, 118** Colosseo

🕐 2. Jan–15. Feb   täglich 8.30–16.30 Uhr
   16. Feb–15. März   täglich 8.30–17.00 Uhr
   16. März–letzter Sa im März   täglich 8.30–17.30 Uhr
   letzter So im März–31. Aug   täglich 8.30–19.15 Uhr
   1. Sept–30. Sept   täglich 8.30–19.00 Uhr
   1. Okt–letzter Sa im Okt täglich 8.30–18.30 Uhr
   letzter So im Okt–31. Dez täglich 8.30–16.30 Uhr
   Letzter Einlass eine Stunde vor Schließung.

€ Eintritt; Für Kinder und Jugendliche unter 18 Jahren ist der Eintritt frei; Die Eintrittskarte gilt (an zwei aufeinanderfolgenden Tagen) auch für das Kolosseum.

🖥 www.coopculture.it
☎ 0039 06 3996 7700

❗ Wenn die Warteschlange sehr lang ist, dann kannst du es bei einem der beiden anderen Eingänge versuchen: in der Via Sacra oder der Via di San Gregorio (hier ist meist am wenigsten los). Am Anfang der Via di San Gregorio befindet sich rechts ein weiterer Ticketschalter (nur Kartenzahlung). Einfacher ist es, wenn du die Tickets im Internet bestellst (2 Euro Reservierungsgebühr). Dann kannst du an der Warteschlange vorbei gleich zum Eingang gehen.

❗ An jedem 1. Sonntag im Monat ist der Eintritt frei – dann ist besonders viel los.

Forum Romanum

Über das Forum Romanum

Ursprünglich war das Tal zwischen dem Kapitol-Hügel und dem Palatin-Hügel sumpfig und ziemlich ungemütlich. Doch dann ließ ein etruskischer König um das Jahr 600 v. Chr. den **ersten** REKORD **Abwasserkanal der Welt** bauen: die **Cloaca Maxima.** Hier wurde das Sumpfwasser gesammelt und in den Tiber geleitet. So wurde die Gegend trockengelegt.

In der Zeit der Republik entstand hier **Roms wichtigster Platz** mit vielen **Tempeln** und Gebäuden für **politische Versammlungen** und den **Handel:** das Forum Romanum (das bedeutet **Römischer Marktplatz).** Als das Römische Reich immer mächtiger wurde, wurde auch das Forum immer prachtvoller gestaltet.

Nach dem Ende des Römischen Reiches wurde das Forum Romanum nicht mehr genutzt. Doch bald fanden die Römer eine neue Verwendung dafür. Um neue Gebäude bauen zu können, brauchte man Baumaterial: Marmor und andere Steine, Metall, Säulen und Statuen. Da war es doch praktisch, dass mehrere „Baumärkte" mit riesiger Auswahl gleich um die Ecke lagen: das Forum Romanum, aber auch der Kaiserpalast am Palatin, das Kolosseum und all die anderen Bauten des Römischen Reiches.

Der Großteil der antiken Gebäude wurde damals zerstört.

Manche Gebäude auf dem Forum sind aber noch gut erhalten. Warum?
A: Sie wurden zu Kirchen umgebaut und deshalb nicht zerstört.
B: Man bediente sich vor allem bei Gebäuden, die leicht zugänglich waren. Abgelegenere Bauten blieben verschont.
C: Einige Gebäude waren mit einem Fluch belastet. Man traute sich deshalb nicht, Teile davon für andere Bauten zu verwenden.

Später hörten die Plünderungen zum Glück wieder auf. Das verfallene Forum wurde dann als Viehweide genutzt.

Am Ende des 18. Jahrhunderts fanden die ersten Ausgrabungen statt, und auch heute wird noch gegraben und renoviert. Es kann daher sein, dass Teile des Forums oder des Palatins abgesperrt sind.

Forum Romanum

Es geht los!

Wenn du die Eingangsrampe hinuntergehst, siehst du, dass sich das Forum Romanum weit unter dem heutigen Straßenniveau befand.

Warum ist das so?

A: Das Forum wurde unterirdisch gebaut und auf Bodenniveau überdacht. So waren die Besucher vor Regen geschützt.

B: Um das Forum vor weiteren Plünderungen zu bewahren, wurde der Boden im Barock aufgeschüttet.

C: Es bildete sich eine Schicht aus Schmutz und Abfall, die sich mit dem Regenwasser vermischte und im Lauf der Jahrhunderte immer höher wurde, bis sie das heutige Straßenniveau erreichte.

Durch die Plünderungen ist leider nicht viel vom Forum Romanum übrig geblieben. Es ist deshalb schwierig, sich vorzustellen, wie es hier früher ausgesehen hat: Überall standen prächtige Gebäude, und es wimmelte von Menschen, die hierher kamen, um ihren Geschäften nachzugehen, Politik zu machen oder sich einfach die Zeit zu vertreiben.

Rechts von der Rampe siehst du die Reste der ❶ **Basilika Aemilia.** Sie wurde von Marcus Aemilius Lepidus errichtet. Der Bau und die Erhaltung von öffentlichen Gebäuden gab reichen Römern die Möglichkeit, als Wohltäter des Volkes gefeiert zu werden. Deshalb wurden viele Gebäude von reichen Privatpersonen finanziert.

So sah das Forum Romanum früher aus.

Forum Romanum

Übrigens

Unter einer **Basilika** verstehen wir heute eine Kirche, aber **ursprünglich** war sie **ein großes Gebäude, das als Markt-, Gerichts- und Versammlungshalle diente**. Sie bestand aus einem langen Hauptraum, der durch Säulen von den niedrigeren Seitenräumen abgegrenzt war. An der schmalen Seite des Hauptraums befand sich oft eine halbkreisförmige Nische, die „Apsis", für den Stuhl des Marktaufsehers oder Richters.

Als das Christentum immer mehr Anhänger bekam, brauchte man große Räume für die Gottesdienste, und so übernahmen die Christen die Bauform der Basilika für ihre Kirchen.

Neben der Basilika Aemilia befindet sich die ❷ **Kurie. Errätst du, warum sie so gut erhalten ist?**
Richtig, sie ist zu einer Kirche umgebaut worden. (Heute ist sie aber keine Kirche mehr.) Hier fanden die **Versammlungen des Senats** statt. (Wenn der Weg zur Kurie gesperrt ist, kannst du der Tour weiter folgen, indem du wieder ein Stück zurückgehst und dann den Parallelweg nimmst → Plan S. 15.)

Vor der Kurie befand sich der ❸ **Versammlungsplatz** des Forums. Hier fanden in der Zeit der Republik die **Volksversammlungen** statt.
Dass die Versammlungsorte von Volk und Senat nebeneinanderliegen, ist kein Zufall, denn Senat und Volk waren in der Republik die Träger der Macht. (Die beiden Konsuln, die das höchste Amt der Republik ausübten, wurden vom Volk gewählt und vom Senat beraten.)
Die Bedeutung von Senat und Volk zeigt sich auch am offiziellen Titel Roms: **Senatus Populusque Romanus** („Senat und Volk von Rom"). Diese Bezeichnung wurde auch noch verwendet, als Rom längst keine Republik mehr war, sondern von einem Kaiser regiert wurde. Du findest sie (oder die Abkürzung **S.P.Q.R.)** im Stadtwappen von Rom und auf vielen Denkmälern.

Viel ist nicht mehr von der Basilika Aemilia übrig, aber du kannst erkennen, wie groß sie war und wo sich die Säulenreihen befanden. Auch ein kleiner Teil der Außenwand mit einem Eingangsbogen ist noch erhalten. Wenn du „außen" an der Ziegelmauer entlanggehst, siehst du, dass hier kleine Räume angebaut waren. Das waren Geschäfte für Geldwechsler und Bankiers.

Auch heute wird S.P.Q.R. noch verwendet. Du findest die Abkürzung sogar auf Mülltonnen!

Forum Romanum

Auf dem Versammlungsplatz siehst du die ❹ **Rednertribüne.** Sie heißt auf Lateinisch „Rostra", das bedeutet:

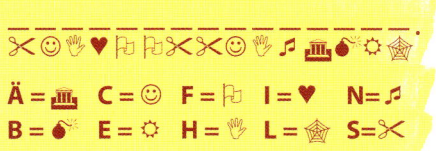

Komisch? – Lässt sich aber einfach erklären: Siehst du die vielen Löcher an der Rostra? Hier waren früher die Schiffsschnäbel von eroberten Schiffen als Siegestrophäen angebracht. (Der Schiffsschnabel befand sich vorn am Schiff und diente dazu, die gegnerischen Schiffe zu rammen.)

So sah die Rostra früher aus.

Hinter der Rednertribüne ist ein großes Gebäude an den Kapitol-Hügel gebaut. Der untere, graue Teil war das ❺ **Staatsarchiv,** in dem alle Dokumente aufbewahrt wurden. (Der obere Teil ist die Rückseite des Rathauses, das aber erst im 16. Jahrhundert gebaut wurde.)

Rechts vor dem Staatsarchiv siehst du den ❻ **Triumphbogen des Septimius Severus.** Er wurde zur Erinnerung an die Siege von Kaiser Septimius Severus über die Parther (das war ein Volk, das im heutigen Iran lebte) errichtet.

Auf dem Bogen sind Szenen aus den Kriegen dargestellt – leider sind sie nur schlecht zu erkennen.

Schau dir die Inschrift an. Wer ließ den Triumphbogen errichten?
A: Julia Domna (das war die Frau von Septimius Severus)
B: Kaiser Konstantin
C: der Senat und das Volk von Rom

Neben dem Triumphbogen befinden sich die Reste eines runden Baus aus Ziegelsteinen. Das war der ❼ **Nabel der Stadt,** der für die Römer den Mittelpunkt der Stadt Rom darstellte.

Und weil die Römer ihre Stadt als Zentrum des Reiches betrachteten, galt der Nabel der Stadt auch als Mittelpunkt des ganzen Römischen Reiches.
Außerdem glaubte man, dass sich hier ein **Zugang zur Unterwelt** befand. Dreimal im Jahr wurde er geöffnet, und diese Tage galten als gefährlich, denn dann konnten die Götter der Unterwelt auf die Erde kommen!

Forum Romanum

Kennst du den Spruch: „Alle Wege führen nach Rom"? Er leitet sich vom ⑧ **Goldenen Meilenstein** ab, von dem ein kleiner Säulenrest erhalten ist. (Du  findest ihn bei den acht Säulen mit dem Querbalken darauf.)

Von Rom führten Straßen zu den wichtigsten Städten des Reiches, und auf der früher vergoldeten Säule waren die Entfernungen zu diesen Städten angegeben.

Gemeinsam mit dem Nabel der Stadt sollte der Goldene Meilenstein allen Besuchern des Forums die Bedeutung Roms und die Größe des Römischen Reiches vor Augen führen.

Das Forum Romanum war auch das religiöse Zentrum Roms: Viele Tempel befanden sich hier. Einer der ältesten war der ⑨ **Tempel des Saturn,** von dem die acht Säulen mit dem Querbalken darauf erhalten sind. Der Tempel hatte aber nicht nur religiöse Funktion – im hohen Podium wurde der römische Staatsschatz aufbewahrt.

Als nächstes siehst du die Reste einer weiteren Basilika, der ⑩ **Basilika Julia.** Sie ist noch größer als die Basilika Aemilia, aber auch von ihr ist nicht viel übrig.
Die Römer kamen auch aufs Forum, um zu plaudern und sich die Zeit mit Brettspielen zu vertreiben.

Wieso wir das wissen?
Die Spieler ritzten Spielfelder in die Steine ein, und wenn du genau hinsiehst, kannst du auf den Stufen der Basilika Reste davon erkennen.

Schräg gegenüber von der Basilika befinden sich die Überreste des ⑪ **Cäsar-Tempels.** – Hm … Tempel wurden für Götter gebaut – Cäsar war aber ein Mensch. Zwar ein Herrscher, aber eindeutig kein Gott!

Übrigens

Straßen sind für uns nichts Besonderes. Doch in früheren Zeiten waren die Wege schmal, holprig, ungepflastert und bei schlechtem Wetter schlammig. Als die Römer begannen, ihre **Straßen** mit Steinen zu pflastern und ein Straßennetz anzulegen, schufen sie damit auch eine **wichtige Voraussetzung dafür, dass ihr Reich so mächtig werden konnte**. Denn erst mit guten Straßen und einem ausgebauten Straßennetz konnten die römischen Truppen schnell von einem Ort zum anderen marschieren.

Forum Romanum

Was hat es dann mit dem Tempel auf sich?

A: Nach seinem Tod wurde Cäsar von seinem Adoptivsohn und Nachfolger Augustus zum Gott erklärt.
B: Der Tempel wurde nicht für Julius Cäsar, sondern für Cäsar Äskulap, den Gott der Ärzte, gebaut.
C: In Wahrheit war das gar kein Tempel, sondern Cäsars Haus. Weil sich darin ein Götteraltar befand, wurde es von den Römern „Templum" genannt.

Übrigens

Nach der Gründungssage Roms war auch die Mutter von Romulus und Remus eine Vestalin. Ihr Onkel hatte ihren Vater vom Thron gestürzt und sie zur Vestalin gemacht, weil Vestalinnen nicht heiraten und keine Kinder bekommen durften. So wollte er sich vor männlichen Nachkommen schützen, die seine Herrschaft bedrohen konnten. – Tja, der Plan hat nicht ganz funktioniert …

Als nächstes kommst du zu den Resten des ⑫ **Rundtempels der Göttin Vesta,** die die Hüterin des Herdfeuers war. Im Tempel brannte das heilige Feuer, das nie ausgehen durfte, denn das bedeutete Unglück für die Stadt.
Die Vestalinnen (das waren die Priesterinnen der Vesta) wurden als junge Mädchen aus den vornehmsten Familien Roms ausgewählt und übten das Priesteramt 30 Jahre lang aus. Vestalin zu sein war ein sehr ehrenvoller Job – aber auch ein ziemlich einsamer, denn die Vestalinnen durften den Tempel und ihr Haus nur zu offiziellen Anlässen verlassen.

Neben dem Vesta-Tempel befindet sich der Eingang ins ⑬ **Haus der Vestalinnen.** Du kommst in den Innenhof des Hauses. Auf der linken Seite befindet sich eine Halle, die zu sechs Räumen führt: Wahrscheinlich waren das die privaten Zimmer der Vestalinnen.

Hinter dem Haus der Vestalinnen ist ein riesiges Gebäude an den Palatin-Hügel gebaut. Das ist der ⑭ **Eingangstrakt des Kaiserpalastes.**

Wenn du den Garten der Vestalinnen wieder verlässt, siehst du gegenüber den ⑮ **Tempel des Antoninus Pius und der Faustina.** (Ja, auch er ist in eine Kirche umgewandelt worden und deshalb so gut erhalten.)

Wenn ich wenigstens einen Fernseher hätte...

Forum Romanum

Ursprünglich hieß er „Faustina-Tempel". Kaiser Antoninus Pius hatte seine verstorbene Frau Faustina nämlich zur Göttin erklärt (das kam nach der Vergöttlichung von Cäsar schnell in Mode) und den Tempel für sie bauen lassen. Die zweite Zeile der Inschrift lautet deshalb „DIVAE FAVSTINAE", das bedeutet „der Göttin Faustina".

Als dann Antoninus Pius starb, wurde auch er zum Gott erhoben und der Tempel auch ihm geweiht. Dazu fügte man über der Inschrift einfach die Zeile „DIVO ANTONINO ET" dazu, das bedeutet „Dem Gott Antoninus und".

Warum führt die Treppe nicht bis zur Kirchentür?

Als der Tempel zur Kirche umgebaut wurde, war er bis zur Höhe der Tür mit Erde bedeckt. Die Tür wurde also auf dem damaligen Bodenniveau eingebaut. Erst seit das ursprüngliche Niveau im Zuge der Ausgrabungen wiederhergestellt wurde, hängt sie in der Luft (der Eingang befindet sich heute auf der gegenüberliegenden Seite).

Folge dem Weg weiter. Links führt eine Abzweigung zur größten Basilika des Forums: der ⓰ **Maxentius-Basilika.** Wieder ist nicht viel übrig, aber von den drei Basiliken auf dem Forum ist sie die am besten erhaltene (und nach den spärlichen Resten der anderen Basiliken sind wir ja auch nicht mehr sehr anspruchsvoll).

Die Basilika wurde von Kaiser Maxentius begonnen und von Kaiser Konstantin fertiggebaut. In ihr befand sich eine riesige Statue Konstantins, von der einige Teile in den Kapitolinischen Museen gezeigt werden (→ S. 49).

Geh auf die Hauptstraße des Forums zurück und folge ihr zum ⓱ **Titus-Bogen.** Auch dieser Triumphbogen erinnert an einen Sieg: Im Jahr 71 n. Chr. hatten die Römer unter ihrem Feldherrn und späteren Kaiser Titus Jerusalem erobert. Auf der Innenseite des Bogens siehst du den feierlichen Einzug in Rom. Links fährt Titus im Triumphwagen vor, und rechts ziehen die römischen Soldaten mit der Beute ein.

Weil auch Titus nach seinem Tod zum Gott erklärt wurde, lautet die Inschrift auf der Rückseite des Bogens „DIVO TITO", also „dem Gott Titus". Und oben auf der Innenseite des Bogens siehst du, wie Titus als Gott von einem Adler in den Himmel getragen wird.

Jetzt geht es weiter auf den Palatin-Hügel!

Palatin

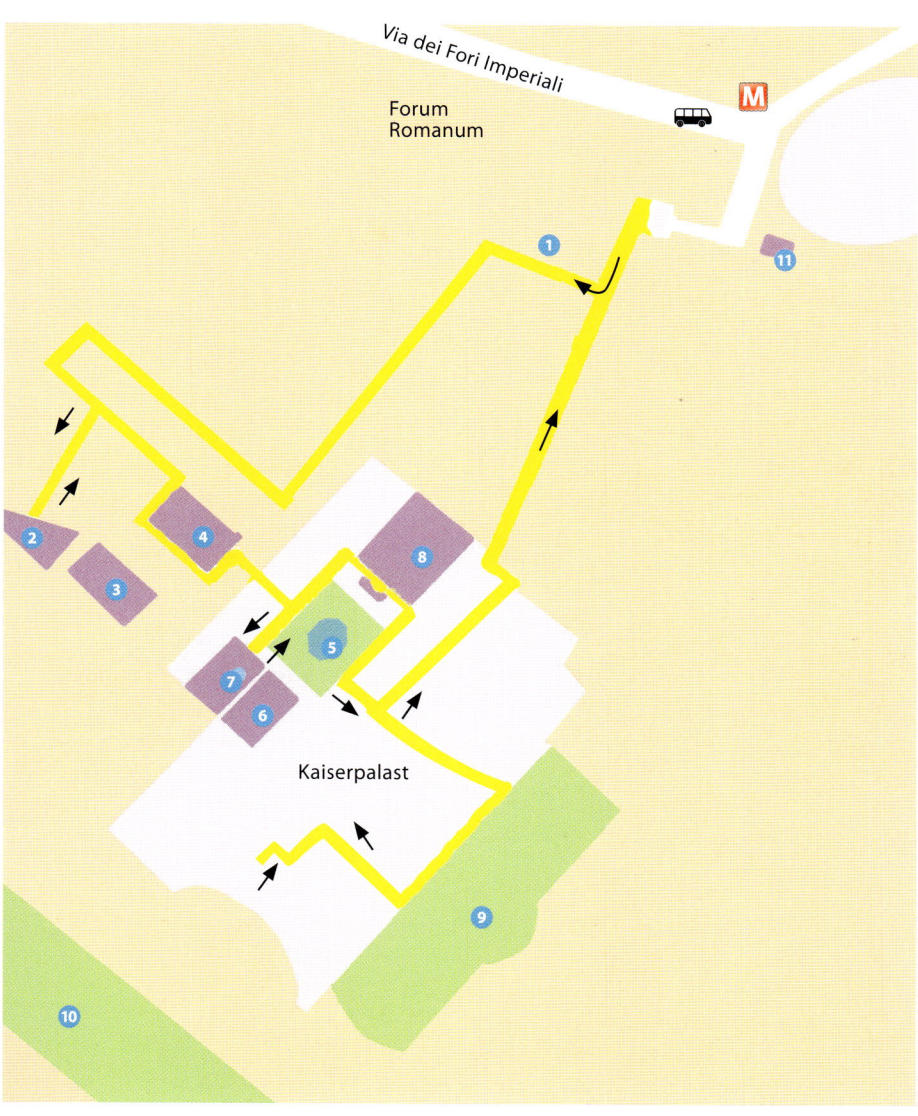

1. Aussichtsterrasse
2. Hütte des Romulus
3. Haus von Kaiser Augustus
4. Haus der Livia
5. Innenhof des Palastes
6. Speisesaal
7. Raum mit Springbrunnen
8. Audienzhalle
9. Stadion
10. Circus Maximus
11. Konstantin-Bogen

Palatin

Der Palatin war früher die vornehmste Wohngegend von Rom. Auch hier ist leider nicht sehr viel erhalten – aber das bist du in der Zwischenzeit ja schon gewohnt ...

Nimm den Weg, der neben dem Titus-Bogen auf den Palatin hinaufführt und geh gleich am Anfang des Weges rechts die Treppe hinauf. Sie führt zu einer ❶ **Aussichtsterrasse** mit einem tollen Blick auf das Forum Romanum.

Weiter geht's die Treppe hinauf und durch die Farnese-Gärten (halte dich dabei links). Geh bei den Palastresten die (etwas versteckte) Treppe rechts hinauf. Am Ende des Platzes kommst du zu einer weiteren Aussichtsplattform, von der du die hohe Kuppel des Petersdoms siehst. Dann geht es weiter, die Treppe hinunter und die Abzweigung nach rechts.

Jetzt kommst du zu den Resten der ❷ **ältesten Siedlung Roms** – und vielleicht hat hier sogar der Stadtgründer Romulus gewohnt!

Du siehst ... einen Haufen Steine. Mittendrin (durch die Ausgrabungen wahrscheinlich nicht zu sehen) befinden sich sechs in einem Rechteck angeordnete Löcher und ein Mittelloch.

In diesen Löchern steckten früher die Pfosten einer Hütte, und der Überlieferung nach war das die **Hütte von Romulus!**

Und so sah die Hütte vielleicht aus:

Palatin

Der Wohnort des Stadtgründers wurde von den Römern sehr verehrt. Roms erster Kaiser Augustus ließ an diesem bedeutenden Platz sein Haus bauen: Das ❸ **Haus von Augustus** („Casa di Augusto") befindet sich links neben den Ausgrabungen.
Es war zwar komfortabel ausgestattet, aber man würde nicht vermuten, dass hier ein Kaiser gewohnt hat. Auch der römische Schriftsteller Sueton beschrieb Augustus' Haus als sehr einfach. – Und genau diesen Eindruck wollte Augustus auch vermitteln!
Sein Vorgänger und Adoptivvater Cäsar war von Senatoren ermordet worden, weil er zu mächtig geworden war. Augustus war da geschickter: Obwohl er hinter den Kulissen ein Kaiserreich schuf und die alleinige Macht im Staat hatte, behielt er offiziell die Regierungsform der Republik bei. Er nannte sich „Erster Bürger Roms" und vermied alles, was nach zu viel Macht und Prunk wirkte.

Von der Hütte des Romulus geht's den Weg zurück und wenn du anstößt nach rechts, zum ❹ **Haus von** Augustus' Frau **Livia.**

Folge dem Weg, der rechts am Haus der Livia entlangführt. Nun kommst du zum Palast von Augustus' Nachfolgern. Davon ist zwar nicht mehr viel zu sehen, aber schon an der Größe wird klar, was sie von Augustus' Zurückhaltung hielten: nicht sehr viel.

BESCHEIDENHEIT IST EINE ZIER, DOCH BESSER LEBT MAN OHNE IHR!

Der Palast wurde von Kaiser Domitian erbaut und von seinen Nachfolgern erweitert, sodass eine riesige Palastanlage entstand.

Betritt den Palast über die Stufen. Du bist im **öffentlichen Teil des Palastes,** der sogenannten „Domus Flavia" („Domus" bedeutet „Haus", und „Flavia" heißt der Palast, weil Domitian aus der Familie der Flavier stammte). Hier empfing der Kaiser seine Gäste.

Geh zum ❺ **Innenhof,** in dem sich ein achteckiger Springbrunnen befand.

Um den Hof waren die Empfangsräume angeordnet: Der Raum mit dem braunen Kiesboden rechts vom Innenhof war der ❻ **Speisesaal.** Vor der gewölbten Wand (der Apsis) befand sich der Stuhl des Kaisers.

Durch die großen Fensteröffnungen sahen die Speisenden rechts in den Nachbarraum zu einem ovalen ❼ **Springbrunnen,** dessen Wasser auf drei Ebenen sprudelte.

Palatin

Geh auf die dem Speisesaal gegenüberliegende Seite des Innenhofs. Hier befand sich der größte Raum des Palastes, die ❽ **Audienzhalle,** in der der Kaiser seine Untertanen empfing. In der Apsis markiert ein weißer Stein im Boden die Stelle, wo der Thron des Kaisers stand – der Thron des damals mächtigsten Menschen der Welt!

Verlass die Audienzhalle wieder und geh nach links. Jetzt kommst du in den **privaten Teil des Palastes,** die „Domus Augustana". Hier befanden sich die Wohnräume der kaiserlichen Familie.

Übrigens

„Palatin" – „Palast"
Die beiden Wörter klingen ähnlich, und das ist kein Zufall: Weil die Römer beim Palatin auch immer an die Kaiserresidenz dachten, wurde das Wort bald auch für prächtige Gebäude verwendet und entwickelte sich dann zu dem Wort „Palast".

Hinter dem Palast befindet sich das ❾ **Stadion.** Das war der Garten des Palastes mit Spazierwegen, Statuen und Springbrunnen. An den Seiten befand sich ein Säulengang, der beim Spazieren Schatten spendete. Und von der Apsis aus konnte der Kaiser den Blick auf den Garten genießen.

Geh rechts am Stadion entlang und such dir dann den Weg zum Rand des Palatin-Hügels (schräg rechts). Von dort siehst du auf den ❿ **Circus Maximus** hinunter.

„Maximus" bedeutet „der Größte", und der Circus Maximus war auch wirklich der größte Circus von Rom: 250.000 Zuschauer fanden auf der Tribüne rund um den Circus Platz! Der Kaiser konnte auch von hier oben zusehen.
Im Circus Maximus fanden vor allem Wagenrennen statt. Die lange Bahn wurde durch eine niedrige Mittelwand mit zwei Obelisken der Länge nach geteilt – die Zypresse rechts zeigt einen Endpunkt der Mauer.
Die Pferde starteten auf der rechten Seite, und die Rennen gingen über sieben Runden. Sie waren gefährlich, denn jeder Trick war erlaubt, und vor allem in den Kurven kam es oft zu Unfällen.

So sah der Circus Maximus früher aus.

Palatin

Geh wieder zurück zum Palast. Auf der gegenüberliegenden Seite führt der Weg den Palatin wieder hinunter.

Die Tour ist zu Ende – fast!
Denn wenn du den Palatin verlassen hast, kannst du dir beim Kolosseum noch den ⓫ **Konstantin-Bogen** ansehen. Wie die beiden Triumphbögen am Forum Romanum erinnert auch er an einen Sieg: Konstantin hatte in der Schlacht an der Milvischen Brücke seinen Gegner Maxentius besiegt. Der Feldzug ist auf den sechs länglichen Reliefs dargestellt, die direkt über den seitlichen Bögen und an den beiden Schmalseiten angebracht sind.
Aber jetzt kommt's: Die meisten der übrigen Reliefs sind gar nicht für den Konstantin-Bogen angefertigt worden, sondern sie wurden aus älteren Denkmälern herausgeschlagen und hier wiederverwendet – „Kunst-Recycling" wurde also nicht erst im Mittelalter erfunden! Auf den älteren Reliefs war natürlich nicht Kaiser Konstantin dargestellt, sondern sie zeigen seine Vorgänger. Kein Problem: Konstantin ließ ihre Gesichter umarbeiten.

Finde die folgenden Begriffe:

- Apsis
- Ausgrabungen
- Basilika Aemilia
- Basilika Julia
- Cäsar-Tempel
- Circus Maximus
- Forum Romanum
- Haus des Augustus
- Hütte des Romulus
- Kaiserpalast
- Kirche
- Kurie
- Nabel der Stadt
- Palatin
- Rostra
- Saturn-Tempel
- Senat
- Staatsarchiv
- Titus-Bogen
- Vesta-Tempel

S	U	L	U	M	O	R	S	E	D	E	T	T	Ü	H
U	U	E	T	S	A	L	A	P	R	E	S	I	A	K
T	S	P	B	F	E	T	E	X	A	E	T	T	U	L
S	U	M	A	O	F	G	H	P	N	C	A	U	S	E
U	M	E	S	R	K	J	S	A	E	Ä	A	S	G	P
G	I	T	I	U	N	I	T	I	R	S	T	B	R	M
U	X	N	L	M	S	E	R	O	V	A	S	O	A	E
A	A	R	I	R	A	U	S	C	I	R	A	G	B	T
S	M	U	K	O	K	T	I	C	H	T	R	E	U	A
E	S	T	A	M	R	D	N	C	S	E	C	N	N	T
D	U	A	J	A	K	P	H	C	Q	M	H	V	G	S
S	C	S	U	N	I	T	A	L	A	P	I	D	E	E
U	R	T	L	U	D	E	U	N	O	E	V	E	N	V
A	I	L	I	M	E	A	A	K	I	L	I	S	A	B
H	C	N	A	B	E	L	D	E	R	S	T	A	D	T

Kolosseum

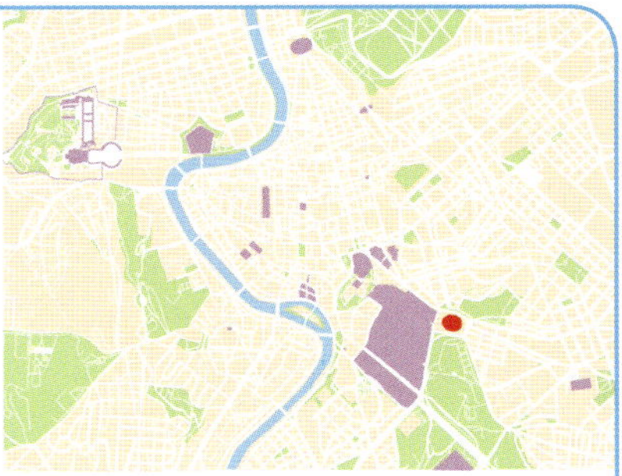

- ✉ Piazza del Colosseo
- Ⓜ **B** Colosseo
- 🚌 Mo–Sa: **51, 75, 85, 87, 118** Colosseo
- 🕐
2. Jan–15. Feb	täglich 8.30–16.30 Uhr
16. Feb–15. März	täglich 8.30–17.00 Uhr
16. März–letzter Sa im März	täglich 8.30–17.30 Uhr
letzter So im März–31. Aug	täglich 8.30–19.15 Uhr
1. Sept–30. Sept	täglich 8.30–19.00 Uhr
1. Okt–letzter Sa im Okt	täglich 8.30–18.30 Uhr
letzter So im Okt–31. Dez	täglich 8.30–16.30 Uhr

  Letzter Einlass eine Stunde vor Schließung.
- € Eintritt (Für Kinder und Jugendliche unter 18 Jahren ist der Eintritt frei.)
  Das Ticket gilt (an zwei aufeinanderfolgenden Tagen) auch für das Forum Romanum und den Palatin.
- 💻 www.coopculture.it
- ☎ 0039 06 3996 7700
- ❗ Wenn die Warteschlange sehr lang ist (also meistens), dann kauf die Tickets beim Forum Romanum (S. 15) oder beim Ticketschalter am Anfang der Via di San Gregorio (dort nur Kartenzahlung). Noch einfacher ist es, wenn du die Eintrittskarten im Internet bestellst (2 Euro Reservierungsgebühr). Dann kannst du dich bei der Reihe „Ticket Holders" anstellen – wegen der Sicherheitskontrollen kommt es aber trotzdem zu Wartezeiten.
- ❗ An jedem 1. Sonntag im Monat ist der Eintritt frei – dann sind Wartezeiten bis zu zwei Stunden keine Seltenheit.

Kolosseum

Über das Kolosseum

Das Kolosseum ist das bekannteste Wahrzeichen Roms. Es war **das größte Amphitheater im ganzen Römischen Reich.** (Das Wort „Amphitheater" kommt aus dem Griechischen: „amphi" bedeutet „rundherum" – ein Amphitheater ist also ein Theater, bei dem man von allen Seiten zusehen kann.)

So sah das Kolosseum früher aus.

Was schätzt du: Wie viele Menschen hatten im Kolosseum Platz?
A: 23.000   B: 53.000   C: 73.000

Das Kolosseum wurde **von Kaiser Vespasian gebaut,** dem Nachfolger von Kaiser Nero. Nero war sehr unbeliebt gewesen. Nun wollte Vespasian die Stimmung im Volk wieder verbessern.

Und um zu zeigen, dass er ganz anders war als Nero, ließ er das Amphitheater an der Stelle bauen, wo sich der Park von Neros protzigem Palast befand.

Nach acht Jahren Bauzeit wurde das Kolosseum im Jahr 80 n. Chr. von Vespasians Sohn Titus eröffnet und dann von Titus' Bruder Domitian fertiggebaut.

Übrigens

Vespasian, Titus und Domitian stammten aus der Familie der Flavier. Deshalb nannten die Römer das Kolosseum **Flavisches Amphitheater**. Den Namen Kolosseum erhielt es erst im Mittelalter – wahrscheinlich nicht wegen seiner Größe („kolossal" kommt schon wieder aus dem Griechischen und bedeutet „riesig"), sondern wegen des „Kolosses", einer riesigen Statue, die neben dem Amphitheater stand.

Der Bau des Kolosseums war ein genialer Schachzug von Vespasian, denn so wie wir heute liebten auch die alten Römer Unterhaltung – und damals gab es ja nicht so viele Möglichkeiten: kein Fernsehen, keine Computerspiele, kein Internet …

Und womit wurden die Zuschauer im Kolosseum unterhalten?
Hm … das ist leider nicht sehr erfreulich.

Kolosseum

Im Kolosseum fanden vor allem brutale Kämpfe und Tierhetzen statt. (Du wirst später noch darüber lesen.)

Doch nicht allen gefiel die grausame „Unterhaltung". Vor allem die Christen mit ihrer Religion der Nächstenliebe lehnten die Kämpfe ab.
Nachdem die römischen Kaiser zum Christentum übergetreten waren, wurden die Kämpfe immer mehr eingeschränkt – wohl auch, weil es sehr teuer war, „Spiele" zu veranstalten. Außerdem war Rom durch die Unruhen der Völkerwanderung geschwächt und die Bevölkerung stark geschrumpft, sodass sich der Aufwand nicht mehr lohnte.

Ab dem Mittelalter diente das Kolosseum als Selbstbedienungsladen für Baumaterial (→ S. 16).

Die riesigen Steine wurden für den Bau von Palästen und Kirchen verwendet, und die Eisenklammern, die die Steine zusammenhielten, wurden eingeschmolzen. (Du siehst an den vielen Löchern in der Fassade, wo sich die Klammern früher befanden.)

Die Plünderungen hörten erst auf, als das Kolosseum zur christlichen Märtyrerstätte geweiht wurde. Man dachte nämlich, dass hier viele Christen getötet worden wären (wahrscheinlich stimmt das aber nicht).

Es geht los!

Das Kolosseum hatte **vier Stockwerke.** Im Erdgeschoss befanden sich **80 Eingänge.** Vier waren für den Kaiser und Ehrengäste reserviert, und über den restlichen 76 Eingängen waren Nummern eingemeißelt.

Welche Nummer hat der Eingang, durch den du das Kolosseum betrittst? (Auf S. 76 kannst du die Bedeutung der römischen Ziffern nachlesen.)

Geh zunächst in den ersten Stock und such dir einen Platz, vom dem aus du gut zur Arena siehst.

Der Eintritt ins Kolosseum war **kostenlos.** So wollte der Kaiser zeigen, wie großzügig er war. Trotzdem brauchte man eine Eintrittskarte. Auf ihr waren die Eingangsnummer, der Rang und die Reihe vermerkt. Ein ausgeklügeltes System von Gängen und Treppen leitete die Besucher zu ihren Plätzen. Diese wurden nach der sozialen Stellung der Zuschauer vergeben – je wichtiger man war, desto näher an der Arena durfte man sitzen. Der Kaiser und die Ehrengäste saßen natürlich ganz vorn. Für

Kolosseum

sie waren zwei Logen in der Mitte der Längsseiten reserviert.

Durch Inschriften auf den Stufen wissen wir auch, wo die anderen Zuschauer Platz nahmen: In den vordersten Reihen saßen die Senatoren, dann folgten die Plätze für die übrigen Bevölkerungsschichten. Für jede Gruppe waren eigene Sitzreihen reserviert. Ganz oben (unter der obersten Fensterreihe, dort, wo du das Geländer siehst) befanden sich die Stehplätze für die Sklaven und die Frauen.

Hier, im ersten Stock, befindest du dich zwischen dem zweiten und dem dritten Rang, zwischen den Reihen der römischen Ritter und denen der Mittelschicht.

In der Mitte des Zuschauerraums befindet sich die **Arena** – und jetzt musst du erfahren, was sich im Kolosseum abspielte:

Ein Veranstaltungstag begann mit **Tierhetzen,** bei denen wilde Tiere gegeneinander oder gegen Menschen kämpften. Das Publikum liebte exotische Tiere, und so wurden Elefanten, Löwen, Tiger, Krokodile oder Nashörner für die Kämpfe herangeschafft. Die Jagden fanden in aufwendigen Kulissen statt, die die Heimat der Tiere zeigten: Ganze Wüsten- oder Waldlandschaften wurden in der Arena aufgebaut.

Leider sind die Plätze nicht erhalten geblieben. Nicht einmal die Stufen, auf denen sie angebracht waren, sind noch zu sehen. Aber einige Senatoren-Reihen wurden hinter dem rekonstruierten Fußboden der Arena nachgebaut.

In die Stufen waren die Namen der Senatoren eingemeißelt.

Anschließend folgten **Hinrichtungen.** Die Todesstrafe galt im Römischen Reich als gerechte Strafe für bestimmte Verbrechen. Sie wurde öffentlich vollstreckt, um abschreckend zu wirken.

Kolosseum

Am Nachmittag fanden dann die **Gladiatorenkämpfe** statt.
„Gladiator" bedeutet „Schwertkämpfer", aber die Gladiatoren konnten ganz unterschiedlich ausgerüstet sein. Manche kämpften mit Schwert und Schild, andere mit zwei Dolchen oder mit Netz und Dreizack.

Die Kämpfe endeten nicht immer mit dem Tod des Verlierers: Der Kaiser konnte den Besiegten begnadigen. Und er ließ meistens das Publikum durch nach oben oder nach unten gestreckte Daumen entscheiden. (Das war natürlich wieder ein Mittel, sich beim Volk beliebt zu machen.)

Und wer war so verrückt, dass er Gladiator wurde?
Die meisten Gladiatoren konnten sich das nicht aussuchen. Sie waren Sklaven, Kriegsgefangene oder Verbrecher. Es gab aber auch Männer, die freiwillig Gladiator wurden, weil sie hofften, so reich und berühmt zu werden – erfolgreiche Gladiatoren waren nämlich richtige Stars, so wie heute Schauspieler, Popsänger oder Fußballspieler.

Ich hätte doch Fußballer werden sollen...

Der Fußboden der Arena ist schon vor langer Zeit eingebrochen. Er bestand aus Holzbrettern, die mit Sand (lateinisch: „arena") bedeckt waren. Ein Stück des Bodens wurde aber wiederhergestellt.

Unter dem eingestürzten Fußboden siehst du den **Keller** des Kolosseums. Hier befanden sich Räume für die Gladiatoren und Käfige für die wilden Tiere. Auch die Kulissen wurden hier aufbewahrt.

Übrigens
Der Keller wurde erst einige Jahre nach der Eröffnung gebaut. Die Forscher sind sich nicht ganz einig, aber wahrscheinlich konnte das Kolosseum bis dahin für Seeschlachten unter Wasser gesetzt werden!

Erkennst du die viereckigen Schächte zwischen den mittleren Kellergängen?
In ihnen befanden sich **Aufzüge,** mit denen die Tiere in die Arena gehoben wurden, und in den Fußboden der Arena waren Falltüren eingebaut (eine Falltür wurde beim rekonstruierten Fußboden nachgebaut).
Die Aufzüge wurden mit Seilwinden und Flaschenzügen angetrieben, die von Sklaven bedient wurden.

Kolosseum

Es gab 80 Aufzüge – die Tiere konnten also an 80 verschiedenen Stellen in der Arena auftauchen.

Auch Gladiatoren und Bühnenbilder ließen sich mit den Aufzügen in die Arena befördern.

Geh jetzt ins Erdgeschoss – von dort aus kannst du den Keller genauer sehen.

Die Kämpfer wurden in Gladiatorenschulen trainiert, und der Mittelgang des Kellers führte unter dem Ost-Eingang zur größten Gladiatorenschule Roms, dem **Ludus Magnus.** So konnten die Gladiatoren unterirdisch ins Kolosseum gelangen.

Übrigens

Die Reste des Ludus Magnus kannst du in der Nähe des Kolosseums, zwischen der Via Labicana und der Via di S. Giovanni in Laterano, sehen.

Damit den Zuschauern nicht zu heiß wurde, war das Kolosseum sogar mit einem **Sonnendach** ausgestattet!

Fällt dir die Schwachstelle der Sonnensegel auf?

Achte, wenn du das Kolosseum wieder verlassen hast, auf die Vorsprünge über den rechteckigen Fenstern. Auf ihnen standen Pfosten, und an denen war ein Holzgerüst angebracht, von dem breite Stoffbahnen mit Seilen über das Kolosseum gespannt werden konnten. Das funktionierte ähnlich wie das Hissen von Segeln, und deshalb wurde das Sonnendach von einer Spezialeinheit Matrosen bedient.

In der Nähe
Wenn du noch nicht im Forum Romanum warst, dann lies auf S. 27 über den **Konstantin-Bogen** nach, der sich neben dem Kolosseum befindet.

Tour 1

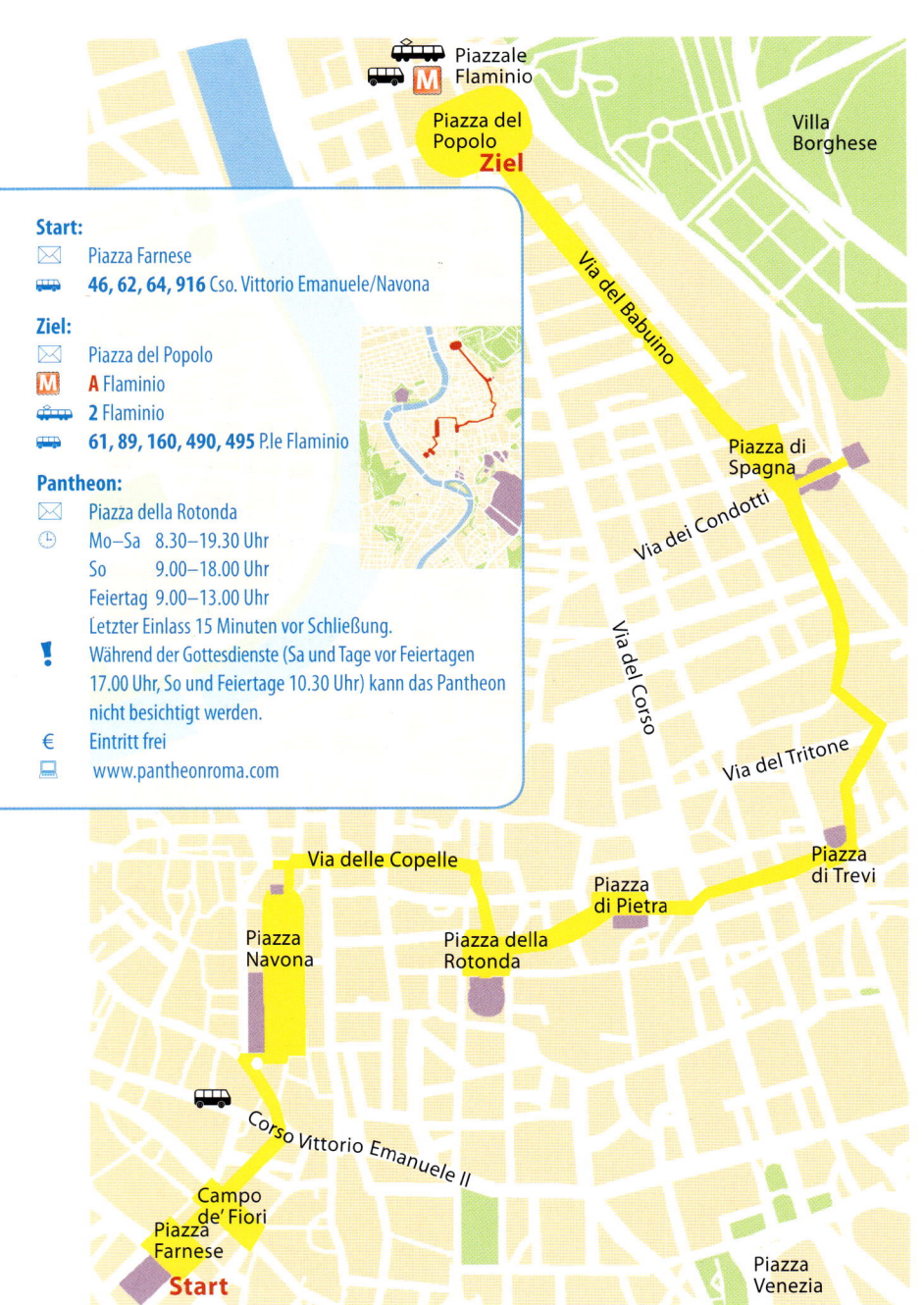

Start:
- Piazza Farnese
- 46, 62, 64, 916 Cso. Vittorio Emanuele/Navona

Ziel:
- Piazza del Popolo
- **A** Flaminio
- 2 Flaminio
- 61, 89, 160, 490, 495 P.le Flaminio

Pantheon:
- Piazza della Rotonda
- Mo–Sa 8.30–19.30 Uhr
  So 9.00–18.00 Uhr
  Feiertag 9.00–13.00 Uhr
  Letzter Einlass 15 Minuten vor Schließung.
- Während der Gottesdienste (Sa und Tage vor Feiertagen 17.00 Uhr, So und Feiertage 10.30 Uhr) kann das Pantheon nicht besichtigt werden.
- Eintritt frei
- www.pantheonroma.com

Piazza Farnese, Campo de' Fiori

Römische Plätze

Die Tour beginnt auf der **Piazza Farnese.** Der riesige Palast, in dem sich heute die französische Botschaft befindet, ist der **Palazzo Farnese.** Er wurde von Papst Paul III. gebaut, der aus der Familie Farnese stammte. Deshalb findest du auf der Fassade sein Wappen mit der Papstkrone, den beiden Himmelsschlüsseln und den sechs Lilien aus dem Farnese-Familienwappen.

Auch das Wasser der beiden Springbrunnen auf dem Platz sprudelt aus Farnese-Lilien. Die Wannen der Brunnen sind antik: Sie stammen aus den Caracalla-Thermen.

> Die Ruinen der **Caracalla-Thermen** kannst du in der Viale delle Terme di Caracalla ansehen (Infos unter www.coopculture.it).
> Der Besuch der Thermen war eine beliebte Freizeitbeschäftigung der Römer. In den luxuriös ausgestatteten Badeanlagen gab es verschieden warme Wasserbecken, außerdem konnte man Sauna und Sportanlagen benutzen, sich eine Massage oder Schönheitspflege gönnen, sich in Tavernen stärken und in den großzügigen Parks spazieren gehen.

Gegenüber dem Palazzo Farnese führt die Via dei Baullari zum größten und bekanntesten Markt von Rom, dem **Campo de' Fiori.**

Der Marktplatz diente aber auch als Hinrichtungsstätte. Daran erinnert das Denkmal in der Mitte des Platzes: Weil der Priester Giordano Bruno Meinungen vertrat, die damals als Gotteslästerung galten, wurde er hier im Jahr 1600 auf dem Scheiterhaufen verbrannt.

Geh die Via de' Baullari weiter bis zum Corso Vittorio Emanuele II. Überquere ihn und folge schräg links der Via di S. Pantaleo. An der nächsten Ecke befindet sich der **Pasquino.** Das ist Roms berühmteste „sprechende Statue".

Sprechende Statue? Was ist denn das?
Wie du am Schicksal von Giordano Bruno gesehen hast, konnte man früher nicht einfach seine Meinung sagen, ohne dass man Angst haben musste, dafür bestraft zu werden. Deshalb brachten die Leute heimlich Zettel an Statuen an. Die Statuen sprachen also sozusagen aus, was man sich nicht öffentlich zu sagen traute.

Links vom Pasquino führt die Via di Pasquino zur riesigen Piazza Navona.

Tour 1

Piazza Navona

Die **Piazza Navona** war zur Zeit des Römischen Reiches ein **Wettkampfstadion.** Du kannst seine Form noch erkennen: Der Platz war die Arena, und dort, wo die Häuser stehen, befanden sich früher die Zuschauerränge für 30.000 Besucher.

Du bist hier

Im Barock ließ Papst Innozenz X. die Piazza neu gestalten. Links am Anfang des Platzes siehst du den **Palast der Familie Pamphili** – aus dieser Familie stammte der Papst. Das Wappentier der Pamphili ist ganz oft am Palast angebracht: eine Taube mit einem Olivenzweig im Schnabel.

Neben dem Palazzo Pamphili ließ Innozenz X. eine Kirche errichten. Der Architekt **Francesco Borromini** bekam den Auftrag für die Kirche **Sant'Agnese in Agone,** die der heiligen Agnes geweiht ist.

An der nach innen gewölbten Kirchenfassade siehst du wieder viele Pamphili-Tauben.

Entdeckst du auch die heilige Agnes?

Vor der Kirche befindet sich einer der schönsten Brunnen von Rom: der **Vier-Ströme-Brunnen** von **Gian Lorenzo Bernini.**
Vier Figuren sollen die Flüsse Donau (mit der Hand am Papstwappen), Ganges (mit einem Ruder in der Hand), Nil (mit verhülltem Gesicht) und Rio de la Plata (mit erhobener Hand) symbolisieren.

Warum stellte Bernini ausgerechnet diese vier Flüsse dar?
A: Sie stehen für die damals bekannten Kontinente Europa, Asien, Afrika und Amerika (Australien kannte man noch nicht).
B: Zu diesen Flüssen war Papst Innozenz während seiner Reisen gekommen.
C: Eigentlich weiß man gar nicht, welche Flüsse Bernini dargestellt hat. Erst nach seinem Tod wurde erzählt, dass es diese vier Flüsse seien.

Weil Bernini und Borromini erbitterte Konkurrenten waren, erzählten die Römer bald, dass Bernini den Nil mit verhülltem Gesicht dargestellt habe, weil dieser die Konstruktionsfehler von Borrominis Kirche nicht ertragen könne. Und der Rio de la Plata habe die Hand

Piazza Navona

Tour 1

aus Angst vor einem Einsturz der Kirche erhoben. (Dass die Kirche erst gebaut wurde, als der Brunnen schon fertig war, spielte dabei keine Rolle.)

Über den vier Flüssen erhebt sich ein **Obelisk** (der hohe Steinpfeiler mit der pyramidenförmigen Spitze).

Auf der Spitze des Obelisken thront noch eine Pamphili-Taube: Damit wollte der Papst betonen, dass sich seine Macht über alle Erdteile erstreckte.

Um Geld für den Bau des Brunnens aufzutreiben, ließ Innozenz X. Sondersteuern einführen – ein Fall für die sprechenden Statuen!
Auch Brot wurde durch die Steuern teurer, und so „schimpfte" der Pasquino: „Pane, pane, non fontane!", also „Brot, Brot, keine Brunnen!"

Verlass die Piazza Navona an der gegenüberliegenden Seite. Unter dem Haus links wurden **Reste des alten Stadions** ausgegraben: Du siehst einen Eingangsbogen und auch, wie tief das Bodenniveau früher war (→ S. 17).

Dreh dich mit dem Rücken zu den Ausgrabungen, geh durch den Durchgang rechts an der Ecke des Platzes und folge der Via di S. Agostino, die in die Via delle Coppelle übergeht.

An der Ecke zur Via Maddalena befindet sich auf der linken Seite das Eisgeschäft „Della Palma", das auf seine 150 Eissorten stolz ist.

Geh die Via Maddalena nach rechts und folge auf der Piazza della Maddalena der Via del Pantheon, die dich zum Pantheon bringt.

Übrigens

Rom ist weltweit die **Stadt mit den meisten Obelisken:** REKORD
13 Stück sind hier aufgestellt.
Warum befinden sich ausgerechnet in Rom so viele Obelisken? Nachdem die Römer Ägypten erobert hatten, brachten sie die Obelisken als Kriegsbeute nach Rom.

Als Zeichen des Sieges wurden sie zum Symbol für die Macht der römischen Kaiser.
Später ließen die Päpste christliche Zeichen auf den Obelisken anbringen – nun wurden sie zum Symbol für die Macht des Christentums.

Tour 1
Pantheon

Das **Pantheon** (Öffnungszeiten → S. 34) war früher ein **römischer Tempel.** (Der Name kommt aus dem Griechischen und bedeutet „allen Göttern geweiht".) Es ist so gut erhalten, weil es im Mittelalter **zu einer Kirche umgebaut** wurde. Und um die kümmerte man sich, während die anderen antiken Gebäude verfielen oder als Baumaterial für neue Bauwerke herhalten mussten.

Die Inschrift über den Säulen besagt, dass das Pantheon von Konsul Agrippa gebaut wurde. Das stimmt aber nur zum Teil: Agrippa ließ zwar das erste Pantheon errichten, aber dieser Bau brannte ab. Dann ließ Kaiser Hadrian es neu bauen, aber statt seines Namens ließ er den des ursprünglichen Bauherrn Agrippa anbringen.

Von vorn sieht das Pantheon wie ein normaler römischer Tempel aus. Wenn du allerdings von der Seite hinschaust, erkennst du, dass sich hinter der Vorhalle ein runder Raum mit einem gewölbten Dach befindet – das ist ganz ungewöhnlich für einen römischen Tempel.

Und wenn du das Pantheon betrittst, wird es noch ungewöhnlicher: Die Decke ist nämlich nicht, wie es von außen aussieht, einfach nur ein bisschen gewölbt – sie ist eine riesige Kuppel!
Von außen erkennt man das nicht, weil die Mauer dort höher gebaut wurde. Die Forscher vermuten, dass der Architekt die Besucher überraschen und beeindrucken wollte, nach dem Motto: Das Pantheon – ein Tempel mit Wow!-Effekt.

Die Kuppel des Pantheons ist die **größte Kuppel der Antike.** Sie ist 43,3 Meter hoch – und genauso breit. Wenn man sie also zu einer Kugel verdoppeln würde, würde diese Kugel ins Pantheon passen.

REKORD

Es war nicht einfach, die riesige Kuppel zu bauen. Zuerst wurden zwei Kuppelschalen aus Holz angefertigt: eine innere und eine äußere. Zwischen die beiden Schalen wurde dann „opus caementitium" gegossen: römischer Beton.

Eine so große Kuppel ist natürlich sehr schwer. Da musste sich der Architekt einiges einfallen lassen, damit sie nicht einstürzt.

Pantheon   **Tour 1**

Eine Aussage ist falsch. Welche?
A: Dem Beton wurde nach oben hin immer leichteres Baumaterial beigemischt – ganz oben war es vulkanisches Gestein (das wiegt fast nichts).
B: Durch das Loch in der Mitte der Kuppel verbesserte sich die Statik beträchtlich.
C: Die Kuppel wurde durch die vielen viereckigen Vertiefungen leichter.
D: Die Außenwände des Pantheons wurden sechs Meter dick gebaut, damit sie das Gewicht der Kuppel tragen können.

Die **Öffnung in der Kuppel** hat einen Durchmesser von neun Metern. Durch sie kommt Licht in den Innenraum, denn es gibt kein einziges Fenster im Pantheon.
Und was passiert, wenn es regnet?
Der Fußboden ist zur Mitte hin leicht geneigt, und durch mehrere Abflüsse im Boden (entdeckst du sie?) kann das Wasser abrinnen.

Im Pantheon befinden sich die **Gräber** der Könige **Viktor Emanuel II.** und **Umberto I.** Auch der berühmte Maler **Raffael** ist hier begraben.

Entdeckst du die Gräber?

Vor dem Pantheon steht wieder ein **Obelisk** – diesmal mit einem Kreuz auf der Spitze.

Schräg rechts (bei der gelben Aufschrift des Cafés „Tazza d'Oro", das für seinen hervorragenden Kaffee bekannt ist) führt die Via dei Pastini zur Piazza di Pietra.

Der Erbauer des Pantheons, Kaiser **Hadrian,** wurde nach seinem Tod zum Gott erklärt. Die antiken Säulen auf dem Platz sind die **Überreste des Tempels,** der ihm zu Ehren gebaut wurde. Im Barock wurde um die Tempelreste ein neues Gebäude errichtet.

Folge der Via di Pietra, bis du zur Via del Corso kommst.

Der **Corso,** wie die Römer sagen, ist eine beliebte Einkaufsstraße. Er verbindet die Piazza Venezia (rechts) mit der Piazza del Popolo (links), die das Ziel unserer Tour sein wird.
Auf der Piazza Venezia siehst du das riesige, weiße Nationaldenkmal (→ S. 47).

Überquere den Corso und geh die Via delle Muratte, bis du zum Trevi-Brunnen kommst.

Tour 1

Barock

Konstantin-Bogen

Der **Trevi-Brunnen** ist der **bekannteste und größte Brunnen Roms.**

Die Wasserleitung, die ihn mit Wasser versorgt, führt von der 20 Kilometer entfernten Jungfrauen-Quelle bis hierher. Zum größten Teil verläuft sie unterirdisch, doch zwei Kilometer sind als **Aquädukt** gebaut: als mehrstöckige Bogenbrücke mit leichtem Gefälle (logisch – ohne Gefälle würde das Wasser ja nicht fließen).

Übrigens

Am 26. Okt. 2017 war das Wasser des Trevi-Brunnens blutrot gefärbt: Der Italiener Graziano Cecchini hatte rote Farbe in den Brunnen geschüttet! Er wollte damit gegen die Korruption und die Vermüllung Roms protestieren. – Und das war nicht das erste Mal: Zehn Jahre zuvor hatte er schon einen Farbanschlag auf den Trevi-Brunnen verübt.

Trevi-Brunnen

Tour 1

Der Architekt des Trevi-Brunnens, **Nicola Salvi,** wollte an die römische Antike anknüpfen: Er entwarf einen Triumphbogen mit drei Toren, der an den Konstantin-Bogen erinnert. In der Mitte siehst du den Gott allen Wassers, Oceanus, auf einem Muschelwagen, der von zwei geflügelten Pferden gezogen wird.

Die Wasserleitung, die den Brunnen versorgt, wurde von Konsul Agrippa in Auftrag gegeben (du kennst seinen Namen von der Inschrift auf dem Pantheon): Rechts über Oceanus siehst du, wie eine junge Frau Agrippa und seinen durstigen Soldaten eine Quelle zeigt. Daraufhin beschließt Agrippa, eine Wasserleitung von der Quelle nach Rom zu bauen: Links siehst du, wie er den Plan dafür prüft.

Ein alter Brauch besagt, dass jeder, der eine Münze in den Brunnen wirft, noch einmal nach Rom zurückkommen wird. Dabei ist wichtig, dass man mit dem Rücken zum Brunnen steht und die Münze mit der rechten Hand über die linke Schulter ins Wasser wirft. Und weil so viele Menschen nach Rom zurückkommen wollen, liegt im Trevi-Brunnen eine Menge Geld.

Was schätzt du: Wie viel Geld kommt hier pro Jahr zusammen?
A: circa 15.000 Euro
B: circa 150.000 Euro
C: circa 1.500.000 Euro

Es ist verboten, die Münzen aus dem Wasser zu fischen (es kommt aber immer wieder vor, dass die Polizei jemanden dabei erwischt). Ein Spezialteam der Stadt Rom holt das Geld regelmäßig mit Staubsaugern aus dem Brunnen.

Ein Geldbad habe ich mir anders vorgestellt ...

Übrigens

Entdeckst du die große Vase vor der rechten Ecke der Brunnenfassade? Die Römer erzählen, dass Salvi während der Bauarbeiten mit einem Friseur stritt, der sein Geschäft neben dem Brunnen hatte. Und um ihn zu ärgern, ließ er die Vase so aufstellen, dass sie dem Friseur die Sicht auf den Brunnen verstellte.

Geh rechts um den Brunnen herum und folge der Via della Stamperia bis zur Via del Tritone. Überquere sie. Geh die Via del Nazareno weiter, dann rechts die Via di S. Andrea delle Fratte, die zur Via di Propaganda wird. Du kommst zur Piazza di Spagna.

Tour 1

Piazza di Spagna

Geh an der Mariensäule vorbei zum Brunnen und der **Spanischen Treppe.** Sie hat ihren Namen von der **Piazza di Spagna,** dem Spanischen Platz, und der heißt wiederum so nach der Spanischen Botschaft, die sich hier befindet.

Eigentlich müsste sie ja Französische Treppe heißen, denn sie wurde mit französischem Geld finanziert.

Am oberen Ende der Spanischen Treppe siehst du die französische Kirche **Santa Trinità dei Monti.**

Und am unteren Ende der Treppe befindet sich der **Bootsbrunnen,** der von Pietro Bernini gebaut wurde, dem Vater des berühmten Gian Lorenzo Bernini.
Die Idee für den Brunnen geht angeblich auf eine Tiber-Überschwemmung zurück, bei der ein Boot bis hierher gespült worden sein soll (und der Tiber ist immerhin 600 Meter entfernt).
Der Brunnen wurde von Papst Urban VIII. aus der Familie Barberini in Auftrag gegeben, und deshalb ist auf dem Boot das Wappen des Papstes mit den drei Bienen der Familie Barberini angebracht.

Gegenüber der Treppe beginnt Roms eleganteste (und teuerste!) Einkaufsstraße: die Via dei Condotti.

Und da steht er noch immer.

Piazza del Popolo

Tour 1

Geh den Platz weiter. Jetzt geht es zum Ziel unserer Tour, der Piazza del Popolo, zu der du durch die Via del Babuino kommst. Sie ist nach dem **Babuino** benannt, noch einer sprechenden Statue, die du vor dem Haus 150A findest.

In der Mitte des Platzes befindet sich schon wieder ein **Obelisk** – der vierte und letzte auf unserer Tour.

Übrigens

Nicht alle Obelisken stammen aus Ägypten. Weil die Römer die Obelisken cool fanden und möglichst viele davon haben wollten, wurden auch Kopien angefertigt. Fünf der 13 Obelisken in Rom sind nicht ägyptisch, sondern römisch (aber auch ziemlich alt).

Ich sag gar nichts. Ich bin beleidigt! - "Babuino" bedeutet "Affe".

Die **Piazza del Popolo** bildete früher Roms Stadtgrenze. Hier betrat man die Stadt, wenn man aus dem Norden kam. (Das Stadttor wurde aber später neu gebaut.)

In der Nähe
Zwischen den beiden Kirchen siehst du wieder den **Corso**, der zur Piazza Venezia führt. Die Stationen der **U-Bahn, Busse** und **Straßenbahn** befinden sich hinter dem Stadttor.

Rechts des Stadttors und der dritten Kirche am Platz (S. M. del Popolo) führen eine Treppe und anschließend ein Weg zur Aussichtsterrasse im Park **Villa Borghese.** Dieser Park ist riesig, mit Spielplätzen, einem Fahrradverleih, einem Zoo (Infos: www.bioparco.it) und anderen Attraktionen.

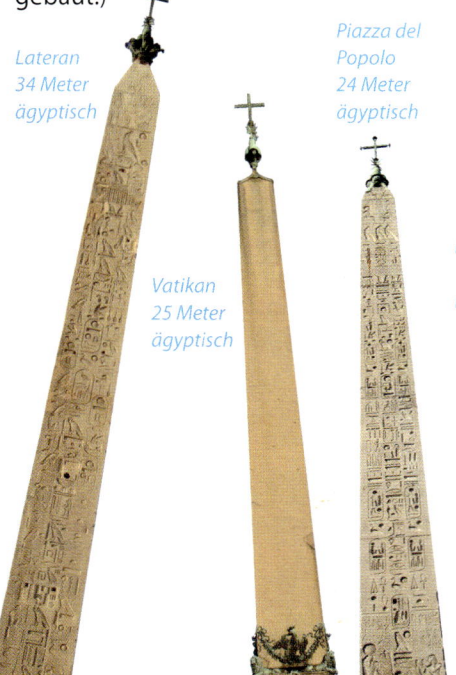

Lateran
34 Meter
ägyptisch

Vatikan
25 Meter
ägyptisch

Piazza del Popolo
24 Meter
ägyptisch

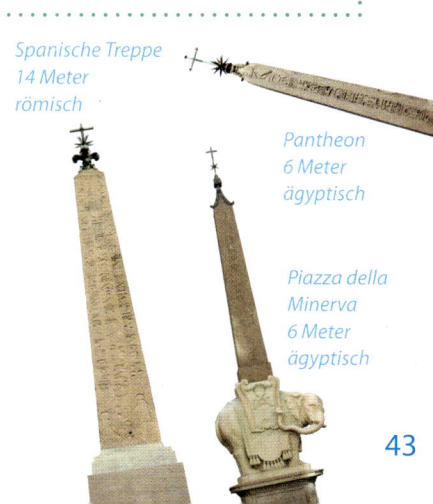

Piazza Navona
17 Meter
römisch

Spanische Treppe
14 Meter
römisch

Pantheon
6 Meter
ägyptisch

Piazza della Minerva
6 Meter
ägyptisch

Tour 2

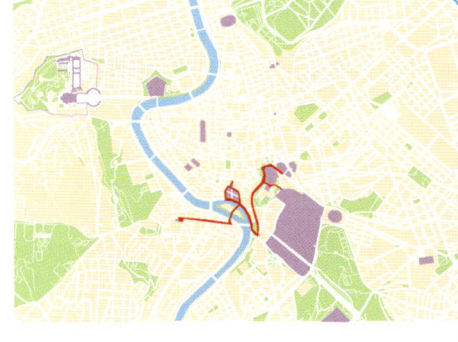

Start:
- ✉ Via dei Fori Imperiali
- Ⓜ **B** Colosseo
- 🚌 Mo–Sa: **51, 85, 87, 118**
  Fori Imperiali/Campidoglio
  und alle Linien zur Piazza Venezia (Mo–So)

Ziel:
- ✉ Piazza di S. Maria in Trastevere
- 🚌 **H** Gioacchino Belli bzw. Sonnino/S. Gallicano
- **8** Belli

Santa Maria in Cosmedin:
- ✉ Piazza della Bocca della Verità
- 🕐 Hauptsaison: täglich 9.30–17.50 Uhr
  Nebensaison: täglich 9.30–16.50 Uhr
- € Eintritt frei

Santa Maria in Trastevere:
- ✉ Piazza di S. Maria in Trastevere
- 🕐 Mo–Do und Sa–So 7.30–21.00
  Fr 9.00–21.00 Uhr
- € Eintritt frei

Noch mehr Rom!

Im Lauf der Zeit wurde den Römern das Forum Romanum zu klein. Deshalb ließ Julius Cäsar daneben ein neues Forum anlegen. Einige Kaiser folgten seinem Beispiel und bauten ebenfalls neue Foren. Die Reste dieser **Kaiserforen** siehst du entlang der Via dei Fori Imperiali.

Die Tour beginnt am **Trajansforum** (neben der Trajanssäule). Dieses Forum wurde von Kaiser Trajan angelegt, der um das Jahr 100 n. Chr. regierte. Unter ihm erlangte das Römische Reich seine größte Ausdehnung.

Jeder Auftraggeber wollte mit seinem Bauwerk alles Bestehende übertreffen, und so war auch das Trajansforum größer als alle vorherigen Kaiserforen. Es ist auch das größte Kaiserforum geblieben – weil danach keines mehr gebaut wurde.

Puh! Glück gehabt!

Bei der Planung gab es ein Problem: Dort, wo Trajan sein Forum errichten wollte, befand sich ein Hügel. Und es gab keinen anderen freien Platz in der Nähe, denn das ganze Gebiet war schon mit Foren bebaut. Es blieb nur eine Lösung:

Der Hügel da muss weg!

Und wenn ein Kaiser das will, dann passiert das auch!

Von der riesigen **Basilika** (→ S. 18) des Forums ist nicht viel übrig geblieben. So wie das Forum Romanum und das Kolosseum diente nämlich auch das Trajansforum später als Selbstbedienungsladen für Baumaterial (→ S. 16). An den Säulenresten siehst du aber noch, wie groß die Basilika war. Und du siehst auch, wo sich das Straßenniveau früher befand (→ S. 17).

Geh zu den **Trajansmärkten,** die rechts hinter der Basilika in einem Halbkreis angeordnet sind. Auch ihr Bau war nicht einfach: Durch die Abtragung des Hügels hatte der Nachbarhügel Quirinal nämlich einen steilen Abhang bekommen, und es bestand die Gefahr, dass er abrutschte.

Tour 2

Doch auch diese Schwierigkeit wurde gemeistert: Die Trajansmärkte wurden direkt an den Hang gebaut und stützen so den Quirinal ab.

Im Erdgeschoss siehst du elf Mini-Geschäfte. Die Rundbogenfenster darüber gehören zu einem überdachten Gang: Die Kunden sollten beim Einkaufen in den dahinterliegenden Geschäften nicht durch Regen gestört werden. Über dem Gang verläuft eine Straße mit weiteren Geschäften – und das war nur ein Teil des Markt-Komplexes, zu dem mehrere Gebäude gehörten. In circa 150 Geschäften gab es Waren aus allen Teilen des Römischen Reiches. Und wer vom Einkaufen erschöpft war, konnte sich in Tavernen stärken – die Trajansmärkte waren das **erste Einkaufszentrum der Welt!** REKORD

In den Trajansmärkten befanden sich auch die Büros der Beamten, die dafür zuständig waren, dass auf Staatskosten Getreide an die Armen verteilt wurde. Großzügig? – Na ja, eigentlich war es eher vorausblickend: In Rom lebten sehr viele Menschen, die nicht genug zum Leben hatten. Es war günstiger, sie mit Essen zu versorgen, als Aufstände zu riskieren.

Geh zur **Trajanssäule.**

Eine Aussage ist falsch. Welche?
A: Die Größe der Säule markiert genau die Höhe des Hügels, der für das Forum abgetragen wurde.
B: Die Trajanssäule war Trajans Grabmal: In ihr wurde eine goldene Urne mit seiner Asche aufbewahrt.
C: Die Säule ist hohl, innen führt eine Wendeltreppe hinauf, und die senkrechten Schlitze sind Fenster.
D: Auf der Spitze der Säule stand eine Statue von Trajan, die später durch eine Petrus-Statue ersetzt wurde.
E: Die Säule stürzte während eines Erdbebens um und wurde dann wieder aufgestellt.

Die Trajanssäule zeigt von unten nach oben in einer langen Bildgeschichte, wie Trajan und seine Soldaten Dakien (das heutige Rumänien) in mehreren Feldzügen eroberten.

Die Geschichte beginnt gegenüber der Via dei Fori Imperiali: Zuerst siehst du Hütten, Wachtürme und Wachen am Donau-Ufer, dann eine Stadt, vor der zwei Soldaten Boote entladen. Der Donau-Flussgott taucht aus dem Wasser auf und sieht zu, wie die römische Armee die Stadt verlässt. Die Geschichte zeigt weiter, wie die Soldaten mit dem Schiff fahren, wie sie marschieren, Straßen und Lager bauen, wie sie kämpfen (dabei stirbt aber kein einziger Römer!) und den Göttern für die Siege danken.

Wenn man die Bilder von der Säule „abrollen" würde, wären sie 220 Meter lang. Mehr als 2.500 Personen sind darauf dargestellt.

Trajan selbst ist 59-mal abgebildet. Er bringt den Göttern Opfer dar, spricht mit seinen Soldaten und kämpft in der Schlacht. Er präsentiert sich also als frommer, kluger und tapferer Feldherr – kein Wunder, dass die Römer siegten! (Das ist nämlich die Botschaft der Säule.)

Übrigens

Es gibt noch eine zweite ähnliche Säule in Rom: Die **Mark-Aurel-Säule** auf der Piazza Colonna wurde nach dem Vorbild der Trajanssäule gebaut und zeigt die Feldzüge des Kaisers Mark Aurel gegen die Markomannen, Quaden und Sarmaten.

Geh auf die andere Straßenseite zu dem riesigen, weißen **Nationaldenkmal.** Es soll an die Vereinigung Italiens unter König Viktor Emanuel II. erinnern (→ S. 11). Vor dem Gebäude siehst du das Reiterdenkmal des Königs und darunter, vor goldenem Hintergrund, die Stadtgöttin Roma.
Viele Römer mögen das Denkmal nicht, weil sie meinen, dass es zu pompös ist und nicht hierher passt. – Wenn man aber bedenkt, dass auch die antiken Bauherren alles Vorherige übertrumpfen wollten, passt es eigentlich ganz gut dazu …

Geh rechts am Nationaldenkmal entlang. Gleich daneben siehst du die **Reste eines antiken Mietshauses.**
Das Haus reicht neun Meter in die Tiefe – das waren aber keine Kellergeschosse, sondern die Straße lag früher so tief. Ganz unten, im Erdgeschoss, befanden sich Geschäfte und in den darüberliegenden Stockwerken Mietwohnungen.
Die meisten Menschen in Rom waren arm und lebten in kleinen Wohnungen. So auch hier: Man schätzt, dass in diesem Mietshaus fast 400 Menschen wohnten!

Rechts neben dem Haus führen zwei Treppen auf den **Kapitol-Hügel,** der für die Römer von großer Bedeutung war, weil sich hier der Tempel für die wichtigsten Götter befand.

Tour 2

Die linke Treppe führt zur Kirche **Santa Maria in Aracoeli** (keine Angst, da musst du nicht rauf).

Übrigens

Das Wort **Moneten** hat hier seinen Ursprung! Denn die Kirche wurde auf dem alten Tempel der Juno Moneta errichtet.
Juno war die höchste römische Göttin, und weil sie die Römer vor einem feindlichen Angriff gewarnt haben soll, bekam sie den Beinamen „Moneta" – das bedeutet „Warnerin". Neben dem Tempel befand sich die römische Münzprägestätte, und im Lauf der Zeit übertrug sich der Name Moneta auf das Geld (auch das Wort „Münze" leitet sich davon ab).

Geh die rechte Treppe hinauf. Sie führt zum **Kapitol-Platz.** Die Treppe, der Platz und die umliegenden Gebäude wurden in der Renaissance von **Michelangelo** neu gestaltet.

Der Boden ist mit einem zwölf-zackigen Stern verziert. In dessen Mitte ließ Michelangelo das alte **Reiterdenkmal von Kaiser Mark Aurel** aufstellen.
Du weißt ja, dass die antiken Bauwerke nach dem Ende des Römischen Reiches geplündert wurden, weil man so leicht an Baumaterial für neue Gebäude kam. Das galt natürlich auch für Statuen. Wenn sie aus Metall waren (das Mark-Aurel-Denkmal besteht aus vergoldeter Bronze), wurden sie eingeschmolzen und dann zu Neuem verarbeitet.

Warum wurde die Mark-Aurel-Statue nicht zerstört?

A: Man dachte, dass sie Konstantin darstellen würde, den Kaiser, der das Christentum erlaubt hatte. Und vor ihm hatte man Respekt.

B: Das Denkmal war bei einem Erdbeben von Schutt bedeckt worden und wurde erst Jahrhunderte später wiederentdeckt.

C: Die Statue wurde nach der Eroberung Roms von den Goten als Kriegsbeute weggeschleppt. Erst viel später wurde sie wieder nach Rom zurückgebracht.

Das Denkmal ist aber nur eine Kopie. Das Original vertrug die Luftverschmutzung nicht und wurde deshalb in die Kapitolinischen Museen gebracht.

Ave!

Tour 2

Hinter dem Denkmal befindet sich der **Senatorenpalast,** der auf das antike Staatsarchiv gebaut wurde (→ S. 19). Heute ist darin das Rathaus untergebracht.

Vor dem Senatorenpalast siehst du einen **Brunnen** mit einer Statue der Stadtgöttin Roma. Neben ihr befinden sich zwei Statuen, die die Flüsse Tiber und Nil symbolisieren sollen.

Erkennst du, welche Statue den Tiber und welche den Nil darstellt?

Die Gebäude links und rechts davon sind die **Kapitolinischen Museen** (Öffnungszeiten: täglich 9.30–19.30 Uhr, letzter Einlass 18.30 Uhr, weitere Infos unter www.museicapitolini.org).

Links an der Ecke des Senatorenpalastes siehst du die berühmte **Kapitolinische Wölfin.** Lange Zeit dachte man, dass sie uralt wäre und aus der Gründungszeit Roms stammen würde, aber inzwischen sind die Forscher draufgekommen, dass sie „erst" im Mittelalter angefertigt wurde. Und die Figuren von Romulus und Remus sind noch später dazugekommen: in der Renaissance.

Die Wölfin ist übrigens wieder eine Kopie, denn auch die Original-Wölfin wurde wegen der Luftverschmutzung in die Kapitolinischen Museen gebracht.

Wenn du der Straße bis zur Kurve folgst, hast du einen tollen Blick auf das **Forum Romanum.** Du siehst den Triumphbogen des Septimius Severus und rechts davon die acht Säulen des Saturn-Tempels. Die Säulenreste rechts dahinter gehören zur Basilika Julia.

Geh zurück auf den Kapitol-Platz und dann die Treppe wieder hinunter. Folge der Via del Teatro di Marcello nach links. Sie führt am **Marcellus-Theater** vorbei, dem größten Theater im antiken Rom. 15.000 Zuschauer fanden hier Platz. – Wenn dich das Theater an das Kolosseum erinnert, hast du recht: Es diente nämlich als Vorbild für das 90 Jahre später gebaute Amphitheater. Aber im Gegensatz zum Kolosseum wird das Marcellus-Theater auch heute noch genutzt – allerdings nicht mehr als Theater: Im Mittelalter wurde es zu einer Festung umgebaut, und bis heute befinden sich darin Wohnungen.

Geh die Straße weiter bis zur Kirche **Santa Maria in Cosmedin** (Öffnungszeiten → S. 44).

Immer nur Milch. Ich will Cola!

Romanik

Tour 2

In der Vorhalle befindet sich die **Bocca della Verità** – das bedeutet „Mund der Wahrheit". Die steinerne Maske diente nämlich als Lügendetektor! Wenn jemand der Lüge verdächtigt wurde, musste er seine Hand in den Mund der Maske stecken und die angezweifelte Aussage wiederholen. Wenn er die Wahrheit sagte, passierte nichts, aber wenn er log, biss die Maske angeblich seine Hand ab! – Es gibt nur eine Möglichkeit, um herauszufinden, ob das stimmt …

Na los, trau dich!

Übrigens

Es soll auch vorgekommen sein, dass sich jemand mit einem Schwert hinter der Maske versteckte und ein bisschen „nachhalf".

Wenn die Warteschlange zu lang ist, dann geh gleich in die Kirche – der Eingang befindet sich rechts.

Die Kirche stammt aus dem Mittelalter und hat die Form der antiken Basilika übernommen: Zwei Säulenreihen grenzen das Mittelschiff von den niedrigeren Seitenschiffen ab.

Die Säulen in der Kirche sehen unterschiedlich aus: Hier wurden antike Baumaterialien wiederverwendet.

Weil die Säulen aus verschiedenen Gebäuden stammen, sind sie unterschiedlich hoch – kein Problem: Die kürzeren Säulen wurden einfach auf höhere Sockel gestellt.

Der Fußboden wurde aber extra für die Kirche gemacht. Er besteht aus kunstvollen Steinmosaiken im Cosmatenstil (→ S. 12).

Wenn du die Kirche wieder verlassen hast, dann überquere die Straße und geh im Park die Treppe zwischen den beiden Tempeln hinauf. Folge der Uferstraße (hinter der Mauer fließt nämlich der Tiber) Lungotevere dei Pierleoni nach rechts bis zur Piazza Gerusalemme. Hier beginnt das **jüdische Viertel.**

Roms **jüdische Gemeinde** ist die **älteste in Europa,** denn schon seit dem 2. Jahrhundert v. Chr. leben hier Juden. Zuerst wohnten sie – wie alle Fremden – auf der anderen Seite des Tibers, in Trastevere. Im Mittelalter wurde ihnen erlaubt, sich auch auf dieser Seite des Tibers niederzulassen.

REKORD

Doch im Jahr 1555 beschloss Papst Paul IV., dass alle römischen Juden gemeinsam in einem Gebiet wohnen mussten. Rund um dieses Viertel, das **Ghetto,** wurden Mauern errichtet. Tagsüber durften die Juden das Ghetto verlassen, doch sie mussten Kennzeichen tragen, an denen sie als Juden zu erkennen waren. Am Abend wurden die Ausgänge verschlossen, damit niemand in der Nacht das Ghetto verlassen konnte.

315 Jahre lang mussten die Juden hier wohnen. Erst nach dem Ende des Kirchenstaates 1870 wurde das Ghetto aufgelöst. Aber obwohl die Juden von da an überall wohnen durften, wollten viele in ihrer gewohnten Umgebung bleiben.

Auf der Piazza Gerusalemme steht eine Kirche.

> **Warum befindet sich an ihrer Fassade eine hebräische Inschrift?**
> **A:** Bei den Toren des Ghettos wurden Kirchen gebaut, und die Juden mussten dort Gottesdienste besuchen. So wollte man sie zum Christentum bekehren.
> **B:** Hier fanden die Hochzeiten zwischen Juden und Christen statt.
> **C:** Die Kirche wurde von einem Juden gebaut, der zum Christentum übergetreten war.

Das große Gebäude gegenüber ist die **Synagoge,** das jüdische Gebetshaus. Sie wurde erst nach der Auflösung des Ghettos gebaut.

Geh rechts an der Synagoge entlang und folge der Via del Portico d'Ottavia. Eine breite und helle Straße – man könnte meinen, dass das Ghetto eine nette Wohngegend war.

Doch der Schein trügt. Früher waren die Gassen eng, und es lebten viel zu viele Menschen hier. Außerdem wurde das Gebiet immer wieder durch den Tiber überflutet. Weil die hygienischen Zustände so katastrophal waren, wurde das Ghetto nach der Auflösung abgerissen. Die Straßen und Häuser, die du siehst, wurden dann neu gebaut.

Nur auf der rechten Seite der Straße gibt es noch einige alte Gebäude – sie standen schon außerhalb des Ghettos und wurden deshalb nicht abgerissen.

Rechts zweigt die Via Reginella ab: Einige „Stolpersteine" im Straßenpflaster erinnern an Juden, die hier gelebt haben und während des Zweiten Weltkriegs in Konzentrationslager verschleppt und dort ermordet wurden.

> **Findest du die Stolpersteine?**

Zurück auf der Via del Portico d'Ottavia siehst du am Haus rechts eine Inschrift: In der untersten Zeile findest du als Baujahr die römische Jahreszahl MMCCXXI. Hm – das wäre das Jahr 2221! Das kann doch wohl nicht sein!

Tour 2

Geh den Lungotevere dei Cenci nach links. An der Synagoge entlang kommst du wieder zur Piazza Gerusalemme. Jetzt bist du einmal um das Ghetto gegangen, in dem früher bis zu 10.000 Menschen gewohnt haben.

Aber was bedeutet die Zahl dann?
Das Haus wurde in der Renaissance gebaut. Damals orientierte man sich an der Antike. Und das nahm der Erbauer des Hauses offensichtlich sehr ernst – für die Berechnung des Baujahrs nahm er nicht Christi Geburt als Ausgangspunkt, sondern die Gründung Roms.

Wann wurde das Haus also gebaut?
(Das traditionelle Gründungsjahr Roms kannst du auf S. 8 nachlesen.)

Wenn du um die linke Ecke des Hauses schaust, siehst du einen runden Säulenvorbau. Er war Teil eines Klosters, und auch hier mussten die Juden den katholischen Gottesdienst besuchen.

In dem großen Gebäude Via del Portico d'Ottavia 69–73 befinden sich drei jüdische Schulen.

Geh rechts am Gebäude entlang und folge der Piazza delle Cinque Scole bis zum Tiberufer.

Überquere die Straße und geh über den **Ponte Fabricio.** Das ist die älteste noch erhaltene Brücke Roms. Wegen der beiden Pfeiler mit je vier Köpfen am Anfang der Brücke wird sie auch „Brücke der vier Köpfe" genannt.

Die Brücke führt über den **Tiber,** der für Rom immer sehr wichtig war: Wegen der kleinen Insel, zu der du gleich kommen wirst, konnte man ihn hier einfacher als an anderen Stellen überqueren. Deshalb kreuzten sich in Rom mehrere Straßen, und viele Menschen kamen hierher. Außerdem wurden die Waren der Handelsschiffe, die über das Mittelmeer kamen, in Rom umgeladen und über den Tiber ins Innere Italiens gebracht.

Doch der Tiber sorgte auch für Angst und Schrecken: Immer wieder trat er über die Ufer und überflutete die angrenzenden Stadtteile.

Nach einem besonders schlimmen Hochwasser im Jahr 1870 bauten die Römer dann die hohe Ufermauer.

Tour 2

Geh zur **Tiberinsel**. Hier befand sich früher ein Tempel für Äskulap, den Gott der Medizin. Kranke kamen hierher und hofften auf Heilung. Und auch heute noch befindet sich hier das Krankenhaus Fatebenefratelli (du siehst es rechts, bevor du die Tiberinsel wieder verlässt).

Wenn du weitergehst, kommst du auf die andere Seite des Tibers, die ursprünglich nicht zu Rom gehörte, denn der Fluss bildete früher die westliche Stadtgrenze. Hier beginnt der Stadtteil **Trastevere** (das kommt vom lateinischen „trans Tiberim" was „auf der anderen Seite des Tibers" bedeutet).

Fremden war es lange Zeit verboten, in Rom zu wohnen. Sie siedelten sich außerhalb, in Trastevere, an. Auch Arbeiter, Handwerker und Matrosen zogen hierher, weil die Mieten niedrig waren. Als Trastevere dann zu Rom kam, behielt es seine Eigenständigkeit, und noch heute fühlen sich die Bewohner in erster Linie als „Trasteverini" und erst dann als Römer.

Die Zeiten haben sich geändert: Aus dem früheren Arme-Leute-Viertel ist ein trendiger Stadtteil mit vielen Lokalen geworden, der auch die Touristen in Scharen anzieht.

Überquere die Uferstraße und geh auf der Piazza in Piscinula nach rechts. Folge der Via della Lungaretta bis zur Piazza di S. Maria in Trastevere (dabei überquerst du an der Piazza Sidney Sonnino die Hauptstraße von Trastevere).

Die Kirche Santa Maria in Trastevere (Öffnungszeiten → S. 44) stammt aus der Romanik und wurde im Barock umgebaut.

Romanik

Wie bei Santa Maria in Cosmedin findest du hier Rundbögen und einen Glockenturm mit Rundbogenfenstern. Im Inneren siehst du wieder antike Säulen und einen romanischen Cosmaten-Fußboden.
Die vergoldete Holzdecke passt gar nicht zur Romanik – sie wurde erst im Barock dazugebaut.

Hier endet die Tour. Zum Abschluss kannst du noch durch die verwinkelten Gassen streifen, für die Trastevere berühmt ist.

Vatikan

Weltweit gibt es circa 1,3 Milliarden Katholiken – jeder sechste Mensch auf der Erde ist also Katholik. Das Oberhaupt der katholischen Kirche ist der **Papst.** Und er ist auch **Chef eines eigenen Staates: des Staates Vatikanstadt – kurz: Vatikan.** Der Papst wird von den Kardinälen auf Lebenszeit gewählt, und er allein hat die Macht im Staat (er wird aber von Beratern unterstützt).

Der Vatikan hat seinen Namen vom Vatikanischen Hügel, auf dem er sich befindet, und ist der **kleinste Staat der Welt:** Er ist nur 44 Hektar groß (also 440.000 Quadratmeter) und hat circa 1.000 Einwohner. REKORD

Die Fahne des Vatikans ist gelb-weiß. Sie zeigt die Schlüssel des heiligen Petrus (→ S. 59) und darüber die Papstkrone.

Im Vatikan wird mit dem Euro bezahlt – die Münzen sind bei Sammlern sehr begehrt, weil es nur wenige davon gibt. Der Vatikan hat auch eigene Briefmarken (du kannst sie im Postamt auf dem Petersplatz kaufen), Autokennzeichen, eine Radio- und Fernsehstation, eine Tageszeitung, eine Bank, einen Bahnhof und eine Feuerwehr. Es gibt sogar eine eigene Armee, die **Schweizergarde.** Sie ist das **älteste Heer der Welt,** denn die Soldaten aus der Schweiz machen seit mehr als 500 Jahren Dienst im Vatikan. Und die Schweizergarde ist auch die **kleinste Armee der Welt,** denn sie besteht aus nur 110 Soldaten. Die Schweizergardisten beschützen den Papst und bewachen die Eingänge zum Vatikan, denn leider kann man nicht einfach so in den Vatikan spazieren. Nur der Petersplatz, der Petersdom, die Vatikanischen Museen und die Vatikanischen Gärten sind für Touristen zugänglich. REKORD REKORD

Übrigens

Jeder Papst hat sein eigenes Wappen mit den Petrusschlüsseln, der Papstkrone oder dem Bischofshut und seinem persönlichen Zeichen (z. B. dem Wappen seiner Familie oder seines Herkunftsortes).
Und jeder Papst sucht sich seinen Vornamen selbst aus. Die römische Ziffer hinter seinem Namen (z. B. Franziskus I.) verrät, der wievielte Papst mit diesem Namen er ist.

Wappen von Franziskus I.

circa 64 n. Chr. Der Überlieferung nach wird der heilige Petrus im Circus des Nero getötet.

circa 324 Kaiser Konstantin lässt die Peterskirche bauen.

Ende des 14. Jhdts. Die Päpste verlegen ihren Regierungssitz vom Lateran in den Vatikan.

Vatikan

Der Vatikan entstand rund um die **Peterskirche.** Sie ist – wie der Name schon sagt – **dem heiligen Petrus geweiht.** Petrus war einer der zwölf Apostel von Jesus und der erste Bischof von Rom. Der Überlieferung nach wurde er während der Christenverfolgungen unter Kaiser Nero getötet (man beschuldigte die Christen damals, ein Feuer in Rom gelegt zu haben), und zwar im Circus, der sich neben der Peterskirche befand. Dort, wo man Petrus' Grab vermutete, errichtete Kaiser Konstantin eine Kirche: die Peterskirche. Und 1200 Jahre später ließ Papst Julius II. an ihrer Stelle die heutige Peterskirche bauen.

Übrigens

Obwohl der Bischof von Rom (das ist der Papst) seinen Sitz im Vatikan hat, ist die Peterskirche nicht seine Bischofskirche. Ursprünglich wohnten und arbeiteten die Päpste nämlich im Lateran (circa fünf Kilometer vom Vatikan entfernt), denn Konstantin hatte auch dort eine Kirche bauen lassen. Als die Päpste ihren Amtssitz vom Lateran auf den Vatikanischen Hügel verlegten, blieb die Laterankirche ihre Bischofskirche – bis heute. (Piazza di San Giovanni in Laterano, Metro: San Giovanni, Öffnungszeiten: täglich 7.00–18.30 Uhr, Eintritt frei)

Wer ist wer im Vatikan?

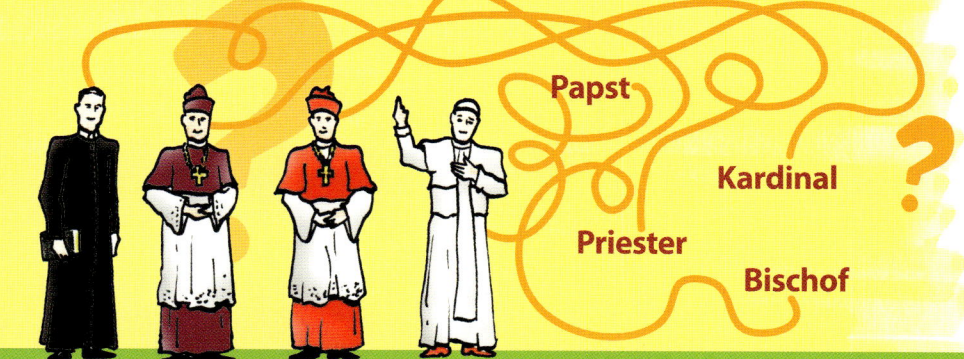

1506–1626
Bau der neuen Peterskirche

1929
Der „Staat Vatikanstadt" wird gegründet.

2013
Franziskus I. wird zum Papst gewählt.

Petersplatz

Der **Petersplatz** wurde von **Gian Lorenzo Bernini** gestaltet. Links und rechts begrenzte Bernini den Platz mit zwei halbkreisförmigen Säulengängen – und er baute eine optische Täuschung ein: Jeweils vier Säulen stehen hintereinander. Aber wenn du dich auf eine der beiden Steinscheiben mit der Inschrift „Centro del Colonnato" stellst (sie befinden sich zwischen dem Obelisken und den Brunnen), dann wirkt es so, als wäre es nur eine einzige Säulenreihe!

Der **Obelisk** stand früher im Circus des Nero, der sich links vom Petersdom befand. Dort ist der Überlieferung nach der heilige Petrus hingerichtet worden. Der Obelisk ist der zweithöchste Obelisk in Rom (der höchste steht vor der Laterankirche).

Das wichtigste Bauwerk auf dem Petersplatz ist natürlich der **Petersdom,** der auf Italienisch „Basilica di San Pietro" heißt. Als die Päpste ihren Regierungssitz vom Lateran in den Vatikan verlegten, wollten sie statt der alten, von Kaiser Konstantin gebauten Peterskirche die größte und prächtigste Kirche der Christenheit bauen. 120 Jahre dauerten die Bauarbeiten, und die bekanntesten Architekten wurden damit beauftragt.

Übrigens

Der Kirchenbau war sehr teuer. Um ihn zu finanzieren, verwendeten die Päpste Geld aus dem damals üblichen Ablasshandel, bei dem den Gläubigen versprochen wurde, dass ihnen das Fegefeuer erspart bleiben würde, wenn sie der Kirche Geld spendeten. Der Ablasshandel wurde von Martin Luther heftig kritisiert und war einer der Auslöser der Reformation.

Petersdom

 Piazza S. Pietro
 A Ottaviano – San Pietro
 19 Risorgimento/S. Pietro
 32, 81 Risorgimento
23 Risorgimento/Porta Angelica
23, 49, 492, 990 Crescenzio/Risorgimento

Petersdom:
Mittwoch Vormittag während der Papstaudienz geschlossen.
Jan–März   täglich 7.00–18.30 Uhr
April–Sept täglich 7.00–19.00 Uhr
Okt–Dez   täglich 7.00–18.30 Uhr

Vatikanische Grotten:
täglich 9.00–16.00 Uhr

Kuppel:
Jan–März   täglich 8.00–17.00 Uhr
April–Sept täglich 8.00–18.00 Uhr
Okt–Dez   täglich 8.00–17.00 Uhr

❗ Vor dem Einlass werden Sicherheitskontrollen durchgeführt (keine Taschenmesser o.ä.). Zutritt nur mit „angemessener" Kleidung: bedeckte Schultern, keine Shorts oder Miniröcke

€ Kirche und Vatikanische Grotten: Eintritt frei, Kuppel: Eintritt

💻 www.vaticanstate.va

☎ 0039 06 6988 3731

❗ Wenn du vorhast, auch die Vatikanischen Museen zu besuchen, dann beginn am besten mit den Museen (→ Infos S. 64). Vielleicht erspart du dir dann das Anstellen vor dem Petersdom (→Tipp S. 71).

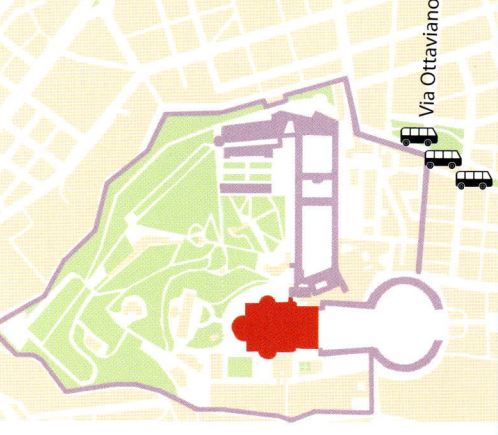

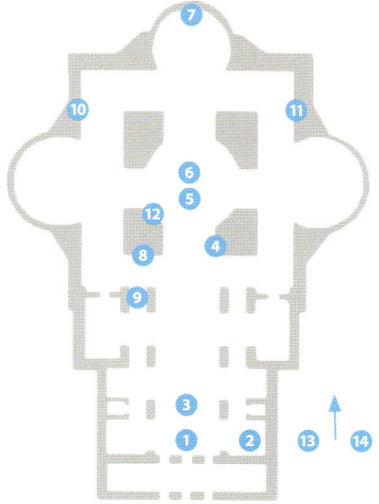

① Porphyrscheibe
② Pietà
③ Längenmarkierungen
④ Petrusstatue
⑤ Kuppel
⑥ Papstaltar, Baldachin und Grab des heiligen Petrus
⑦ Bischofsstuhl von Petrus
⑧ Verklärung Christi
⑨ Grabdenkmal Leo XI.
⑩ Grabdenkmal Alexander VII.
⑪ Grabdenkmal Clemens XIII.
⑫ ⑬ Zugang Vatikanische Grotten
⑭ Zugang Kuppel

Petersdom

Der Petersdom ist riesig! Mit 15.160 Quadratmetern bietet er Platz für 20.000 Menschen! Er ist die wichtigste Kirche der Katholiken, und viele Päpste haben sich bemüht, ihn prunkvoll zu gestalten.

Links hinter dem Eingang siehst du im Fußboden eine ❶ **rötliche Scheibe.** Sie ist aus Porphyr, einem sehr kostbaren Stein, und stammt noch aus der alten Peterskirche. Auf ihr wurde Karl der Große zum Kaiser gekrönt und nach ihm noch 22 weitere Kaiser. (Da nur der Papst berechtigt war, die Kaiserwürde zu verleihen, ist die Porphyrscheibe natürlich auch ein dezenter Hinweis auf die Macht der Päpste.)

In der Kapelle neben dem Eingang befindet sich das berühmteste Kunstwerk des Petersdoms: die ❷ **Pietà** von **Michelangelo.** („Pietà" ist Italienisch und bedeutet „Frömmigkeit" oder „Mitleid". In der Kunst bezeichnet man damit die Darstellung der heiligen Maria, die ihren toten Sohn Jesus in den Armen hält.)

In ihrer Trauer wirkt Maria ganz ruhig. Fällt dir auf, dass sie und Jesus gar nicht aussehen wie Mutter und Sohn? Jesus war circa 33 Jahre alt, als er starb, also muss Maria viel älter gewesen sein. Doch Michelangelo stellte sie als junge Frau dar – vielleicht wollte er so zeigen, dass sie nicht wie normale Menschen alterte, weil sie heilig war.

Das Denkmal wurde im Jahr 1972 von einem Geisteskranken mit einem Hammer attackiert. Seitdem ist es hinter Panzerglas ausgestellt.

Achte auf die ❸ **goldfarbenen Markierungen** in der Mitte des Fußbodens, während du im Mittelschiff nach vorn gehst. Sie zeigen, wo (von der gegenüberliegenden Seite aus gemessen) andere große Kirchen enden würden, wenn man sie in den Petersdom stellen würde. Dieser Vergleich, sozusagen ein christliches Guinness-Buch der Rekorde, soll natürlich zeigen, dass der Petersdom die allergrößte Kirche ist.

Findest du die Markierung für den Kölner Dom?

Petersdom

Rechts hinter den Längenmarkierungen siehst du die ❹ **Bronzestatue des heiligen Petrus.** Petrus war der erste Bischof von Rom und ist der Schutzpatron der Kirche. Er sitzt auf dem Bischofsstuhl und hält die Himmelsschlüssel in der linken Hand. Mit der rechten Hand segnet er die Gläubigen.

Gott schütze euch!

(der Name „Petrus" bedeutet „Fels"), und auf diesen Felsen (also: „auf dich") will ich meine Kirche bauen, und dir werde ich die Schlüssel zum Himmelreich geben."
Diese Worte soll Jesus zu Petrus gesagt und damit gemeint haben, dass Petrus die Christen leiten solle. Weil Petrus Bischof von Rom war, wurden auch alle folgenden römischen Bischöfe Oberhaupt der Kirche. Sie nahmen den Titel „Papst" an – das bedeutet „Vater".

Übrigens

Wegen dieses Satzes wird Petrus mit zwei Schlüsseln dargestellt: den Schlüsseln zum Himmelreich. Und deshalb haben die Päpste auch zwei Schlüssel in ihrem Wappen.

Der Überlieferung nach soll es Glück bringen, Petrus' rechten Fuß zu berühren – und weil das so viele Menschen tun, ist der Fuß schon ganz abgeflacht.

Petrus sitzt vor einer Wand. – Das ist aber gar keine Wand, sondern einer der vier Pfeiler, die die ❺ **riesige Kuppel** tragen. Der Plan dafür stammt von **Michelangelo.**

Am unteren Ende der Kuppel siehst du eine lateinische Inschrift. Sie beginnt mit den Worten: „TV ES PETRVS" und bedeutet auf Deutsch: „Du bist Petrus

Unter der Kuppel befindet sich der ❻ **Papstaltar,** über dem sich ein **Baldachin** (das ist ein Zierdach) aus Bronze erhebt. Der Baldachin wurde von Gian Lorenzo **Bernini** gestaltet. Er ist 29 Meter hoch (also circa so hoch wie ein neunstöckiges Haus!) und wird wegen seiner gewundenen Säulen bewundert. Der Auftrag für den Baldachin kam von Papst Urban VIII., und deshalb siehst du auf den Marmorsockeln sein Wappen: drei Bienen (aus dem Wappen seiner Familie), die beiden Schlüssel und die Papstkrone. Bernini hat auch unzählige Bienen auf den Säulen dargestellt.

Petersdom

Es ist kein Zufall, dass der Papstaltar und der Baldachin genau hier errichtet wurden: Der Treppenabgang davor führt nämlich zu einem Gebetsraum, und man vermutet, dass sich dahinter, also direkt unter dem Altar, das **Grab des heiligen Petrus** befindet!

In der Apsis am Ende des Mittelschiffes siehst du ein weiteres Bronze-Denkmal von **Bernini:** den ❼ **Bischofsstuhl des heiligen Petrus.**

Das ist natürlich nicht Petrus' echter Bischofsstuhl: Petrus starb circa im Jahr 66, Bernini lebte aber erst im 17. Jahrhundert.
Der Stuhl ist eigentlich ein Tresor, denn in ihm werden die Reste des echten Petrusstuhls aufbewahrt.
Na ja, zumindest glaubte man das früher. Vor einiger Zeit haben Forscher nämlich herausgefunden, dass die Stuhlreste wahrscheinlich aus dem Mittelalter stammen.

Auf der Rückseite des Andreaspfeilers (das ist der Pfeiler gegenüber der Petrusstatue) siehst du die ❽ **Verklärung Christi** des berühmten Malers **Raffael.**

Oben schwebt Jesus in besonderer, „verklärter" Gestalt. Der Evangelist Matthäus beschrieb das so: „Und er wurde vor ihren Augen verwandelt. Sein Gesicht leuchtete wie die Sonne, und seine Kleider wurden blendend weiß wie das Licht."
Raffael verband diese Geschichte mit einer zweiten: Rechts unten siehst du einen Jungen, der gequält aussieht. Er ist von einem bösen Geist besessen, und sein Vater (im grünen Gewand) bittet die Apostel um Hilfe. Zwei Apostel zeigen auf Jesus: ER ist der Erlöser aller Leiden. (Und Jesus wird den Jungen von dem Dämon befreien.)
Auch diese Geschichte hat Matthäus aufgeschrieben – Raffael hat ihn links unten mit seinem Evangelium (dem Buch, in dem er das Leben von Jesus erzählt) dargestellt.

Die Verklärung Christi ist eine Kopie. Das Original befindet sich in den Vatikanischen Museen. Und sie ist – so wie die anderen Bilder im Petersdom – ein Mosaik.

Petersdom

Warum gibt es im Petersdom nur Mosaike und keine Bilder?

A: Es ist besonders aufwendig, ein Mosaik herzustellen, und man wollte so zeigen, dass der Petersdom eine ganz besondere Kirche ist.

B: Früher gab es im Petersdom Bilder, aber sie wurden durch die Feuchtigkeit angegriffen und deshalb durch Mosaike ersetzt.

C: Im Barock, als die meisten Kunstwerke für den Petersdom entstanden, waren Bilder out. Mosaike waren damals modern!

Viele Päpste haben im Petersdom ein Grabdenkmal bekommen. – Dass es in der Mode Trends gibt, ist bekannt. Aber bei Grabdenkmälern? – Ist aber so. Die meisten Denkmäler betonen die Macht der Päpste: Der Papst sitzt auf dem Bischofsstuhl und segnet die Gläubigen mit der rechten Hand. Er ist mit Papstgewand und Papstkrone bekleidet.

Ein Beispiel dafür ist das ⑨ **Grabdenkmal für Leo XI.** Du findest es gegenüber der Verklärung Christi im Seitenschiff. Die beiden Frauenfiguren sollen die guten Eigenschaften des Papstes symbolisieren.

Andere Grabdenkmäler betonen statt der Macht eher die Frömmigkeit der Päpste, z. B. links vorn das ⑩ **Denkmal für Alexander VII.** – schon wieder ein Kunstwerk von **Bernini.**

Der Papst thront nicht, sondern er kniet demütig im Gebet. Der Tod (das Skelett) versteckt sich unter dem rötlichen Marmor-Stoff und streckt ihm eine Sanduhr entgegen: Seine Lebenszeit ist abgelaufen. Die vier Frauen sollen wieder die guten Eigenschaften des Papstes darstellen: links die Liebe, dahinter die Klugheit, daneben die Gerechtigkeit und rechts vorn die Wahrheit.

Übrigens

Kennst du den Ausdruck „die nackte Wahrheit"? Berninis Wahrheit war ursprünglich wirklich nackt! Aber einem späteren Papst war das zu unmoralisch, und so bekam sie ein Gewand aus Metall, das weiß angemalt wurde.

Petersdom

Die beiden Grabdenkmäler stammen aus dem Barock, als die Kunst sehr prunkvoll war. Später gestalteten die Künstler ihre Werke wieder einfacher. Sie zeigten nach wie vor die Frömmigkeit der Päpste. Der Tod wurde aber nicht mehr als gruseliges Skelett dargestellt, sondern als friedvoller Engel. Ein Beispiel dafür findest du auf der gegenüberliegenden Seite des Baldachins im ⓫ **Grabdenkmal für Clemens XIII.** von Antonio **Canova**.

Der Papst ist wieder knieend ins Gebet vertieft. Die Frau symbolisiert die Religion (das erkennt man an dem Kreuz in ihrer Hand). Der Todesengel hält die Fackel verkehrt herum: Die Lebensflamme des Papstes wird ausgelöscht. Und zwei Löwen bewachen den Papst im Tod.

Als nächstes geht es in die **Vatikanischen Grotten.** Dorthin kommst du meistens über eine ⓬ Treppe im Andreaspfeiler (auf der Rückseite der Verklärung Christi) – sonst ist der Zugang ⓭ außen neben dem Kircheneingang.

Die alte Peterskirche war ziemlich feucht gewesen. Um die neue Kirche vor Feuchtigkeit zu schützen, wurde der Fußboden drei Meter höher gelegt. Wenn du jetzt die Treppe zu den Grotten hinabsteigst, begibst du dich auf das Niveau der alten Peterskirche. Hier unten fanden viele Päpste ihre letzte Ruhestätte. Ziemlich am Anfang siehst du links den Gebetsraum, hinter dem das Petrusgrab vermutet wird. (Wenn du vom Eingang ⓭ kommst, befindet sich der Raum ziemlich am Ende rechts.) Du erkennst ihn an dem Schriftband mit der Aufschrift „Sepulcrum Sancti Petri Apostoli" („Grab des heiligen Apostels Petrus").

Wenn du möchtest, kannst du zum Abschluss noch die ⓮ **Kuppel** („Cupola") besteigen. Der Zugang befindet sich außen neben dem Kircheneingang. Zuerst geht es aufs Kirchendach – bis hierhin kannst du auch mit dem Aufzug fahren.

Der Weg führt weiter zu einem Balkon am unteren Ende der Kuppel. Von hier aus hast du einen tollen Blick in die Kirche und kannst die Mosaike aus der Nähe anschauen.

Petersdom

Die Kuppel besteht aus einer inneren und einer äußeren Schale. Zwischen den beiden steigst du 320 Stufen hinauf (ziemlich anstrengend!) zu einer Aussichtsplattform in 120 Metern Höhe. Dort bietet sich dir ein großartiger Blick in den Vatikan und über Rom.

Wenn du den Petersdom wieder verlassen hast, kommst du an einem Eingang zum Vatikan vorbei. Er wird von Soldaten der Schweizergarde bewacht.

Ciao!

Übrigens

Vom Petersplatz führt die Via della Conciliazione zur **Engelsburg**. Sie wurde vor 1.900 Jahren als Grabmal für Kaiser Hadrian und seine Nachfolger gebaut. Im Mittelalter ließen die Päpste die Engelsburg mehrmals umbauen. Damals wurde auch der 800 Meter lange „Passetto" gebaut: eine Mauer mit eingebautem Fluchtweg, die vom Vatikan zur Engelsburg führt. Bei Gefahr flohen die Päpste über den Passetto in die Engelsburg und verschanzten sich dort.

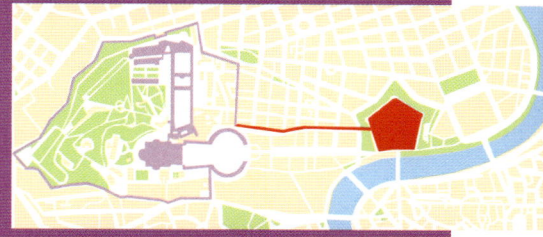

Die Engelsburg kann besichtigt werden (Infos unter: www.castelsantangelo.com). Und ihr Park (mit Spielplatz) eignet sich gut für ein Picknick.

Vatikanische Museen

- ✉ Viale Vaticano 100
- Ⓜ **A** Ottaviano – San Pietro, Cipro – Musei Vaticani
- 🚌 **49** V.le Vaticano/Musei Vaticani
  23, 492 Leone IV bzw. Bastioni di Michelangelo
- 🕐 Mo–Sa 9.00–18.00 Uhr (letzter Einlass 16.00 Uhr)
  Letzter So im Monat 9.00–14.00 Uhr (letzter Einlass 12.30 Uhr). Weil an diesem Tag der Eintritt frei ist, ist die Warteschlange noch länger als sonst!
  Geschlossen an vielen Feiertagen (Kontrolliere sicherheitshalber im Internet.)
  Die Säle müssen 30 Minuten vor Schließung verlassen werden.
- ❗ Vor dem Einlass werden Sicherheitskontrollen durchgeführt (keine Taschenmesser o.ä.). Weil die Besichtigung auch durch die Sixtinische Kapelle führt, dürfen die Museen nur mit „angemessener" Kleidung betreten werden: bedeckte Schultern, keine Shorts oder Miniröcke.
- € Eintritt (letzter So im Monat: Eintritt frei)
- 💻 www.museivaticani.va
- ☎ 0039 06 6988 4676
- ❗ Die Warteschlange vor den Vatikanischen Museen ist meistens sehr lang. Wir empfehlen dir, die Karten im Internet zu bestellen (4 Euro Reservierungsgebühr). Dann kannst du an der Warteschlange vorbei gleich zum Museums-Eingang gehen.

Über die Vatikanischen Museen

Die Vatikanischen Museen haben ihren Ursprung in der Renaissance, als die Antike wieder modern war und die Päpste es cool fanden, antike Kunstwerke zu sammeln.
Im Lauf der Jahrhunderte kamen immer mehr Kunstgegenstände aus verschiedenen Epochen zusammen, und heute gehören die Vatikanischen Museen zu den wertvollsten Kunstsammlungen der Welt.
Auch Teile des Papstpalastes selbst zählen zu den Kunstwerken, z. B. die von Raffael ausgemalten Papstgemächer oder die Sixtinische Kapelle.

Es geht los!

Geh zuerst nach rechts in die **Pinacoteca** (das ist die Bildersammlung der Vatikanischen Museen).

In der Eingangshalle siehst du eine **Kopie der Pietà** von **Michelangelo** (→ S. 58). Hier kannst du sie – im Gegensatz zum Petersdom, wo man das Original nur aus einiger Entfernung sieht – aus der Nähe betrachten.
Schau dir das Band auf Marias Kleid an. Michelangelo hat darauf „unterschrieben". Die Inschrift bedeutet nämlich: „Michelangelo Buonarroti aus Florenz hat das gemacht."

Vatikanische Museen

Die Pietà ist übrigens das einzige Werk, das Michelangelo signiert hat – angeblich, weil …

Auf geht es in Saal VIII. Hier befindet sich die **Verklärung Christi** von **Raffael.** Auch dieses Bild hat mit dem Petersdom zu tun – dort hängt nämlich eine Mosaik-Kopie (→ S. 60).

Die Verklärung war Raffaels letztes Bild. Er starb, bevor es fertig wurde. Das Letzte, was er malte, war Jesus' Gesicht. Nach seinem Tod wurde das Bild von einem seiner Schüler vollendet.

Das Bild links daneben stammt auch von Raffael. Der kleine Engel kommt dir vielleicht bekannt vor, denn Raffael hat auf einem anderen Marien-Bild zwei ähnliche Engel gemalt. Kennst du sie?

Im nächsten Saal siehst du den **heiligen Hieronymus** von **Leonardo da Vinci.**

Wenn du dir denkst: „Irgendwie sieht das Bild komisch aus", dann hast du recht: Leonardo hat es nämlich nicht fertig gemalt. Dadurch können wir sehen, wie er gearbeitet hat: Zuerst hat er vorgezeichnet und dann darübergemalt. Der Kopf und ein Teil des Körpers sind fertig, der Rest ist nur skizziert.

Wenn du das Bild genau ansiehst, entdeckst du, dass es rechts oben zusammengefügt ist. Irgendwann nach Leonardos Tod verschwand es nämlich. Später wurde es zufällig wiederentdeckt: in der Werkstatt eines Schuhmachers und in zwei Stücke geschnitten!

Als was wurde der Teil mit Hieronymus' Kopf benutzt?

Geh nach der Besichtigung der Pinakothek wieder Richtung Treppe und folge dem Schild zum Museo Gregoriano Egizio – das ist das Ägyptische Museum. Bevor du aber die Treppe zum Museum hinaufsteigst, wirf noch einen Blick in den Cortile della Pigna, den **Hof des Pinienzapfens,** der sich neben der Treppe befindet.

Der große Pinienzapfen darin ist 2.000 Jahre alt und war früher ein Brunnen. Das Wasser sprudelte damals aus Öffnungen in den Schuppen des Zapfens.

Vatikanische Museen

Im zweiten Saal des **Ägyptischen Museums** siehst du bemalte **Sarkophage** und zwei **Mumien.** In den vier Kanopen-Gefäßen (neben der Mumie mit dem blauen Netz) wurden die Organe des Toten aufbewahrt. Und die kleinen Figuren zwischen den beiden Mumien sind Uschebti. Sie sollten für den Verstorbenen im Totenreich Arbeiten verrichten.

Nach dem Ägyptischen Museum gehst du links ins **Museo Pio Clementino.** Hier sind griechische und römische Kunstwerke ausgestellt.

Im Cortile Ottagono befinden sich zwei der berühmtesten Statuen der Vatikanischen Museen: In der Ecke links vom Eingang steht der **Apollon vom Belvedere.** Das ist die Kopie einer griechischen Statue, die in der römischen Kaiserzeit angefertigt wurde. **Warum ist er so berühmt, obwohl es sich nur um eine Kopie handelt?** Weil er sooo schön ist!

In der nächsten Ecke findest du die **Laokoon-Gruppe** – schon wieder eine Kopie!

Warum gab es im Römischen Reich so viele Kopien von griechischen Kunstwerken?
A: Alle griechischen Statuen waren für das Archiv von Athen kopiert worden.
B: Griechische Kunst galt als cool. Jeder wollte sie haben, aber so viele Originale gab es gar nicht.
C: Mit ihren Kunstwerken wollten die Griechen, die nach Rom kamen, ein Stück Heimat mit in die Fremde nehmen.

Während der Apollon wegen seiner Schönheit bewundert wird, ist die Laokoon-Gruppe wegen des Ausdrucks der Gesichter und der Bewegung der Körper berühmt. Die Skulptur zeigt den trojanischen Priester Laokoon und seine beiden Söhne, die gegen zwei Schlangen kämpfen (und verlieren werden). Der Sage nach warnte Laokoon nämlich die Trojaner, dass das hölzerne Pferd vor dem Stadttor Trojas kein Geschenk,

Vatikanische Museen

sondern eine Falle der Griechen sei (und es waren auch wirklich griechische Soldaten darin versteckt). Das verärgerte aber die Göttin Athene, die auf der Seite der Griechen stand, und sie schickte zwei Schlangen, die Laokoon und seine Söhne töteten.

Durch den Saal der Tiere geht es zur nächsten berühmten Statue: dem **Torso vom Belvedere** (ein Torso ist ein Körper ohne Kopf, Arme und Beine). An der Statue fehlt zwar einiges, aber dafür ist sie endlich ein griechisches Original! Die Inschrift besagt, dass sie von Apollonius aus Athen geschaffen wurde. Von den angespannten Muskeln des Torsos war sogar Michelangelo beeindruckt!

Ich sage nur: Fitness-Center!

Weiter geht's durch zwei Säle, die Treppe hinauf und durch zwei lange Gänge in die **Galerie der Landkarten.** Hier siehst du 40 Karten, die die Regionen Italiens und deren Hauptstädte zeigen.

Findest du die Karte von Rom?

Auf ihr siehst du den Petersdom und die Engelsburg, das Kolosseum, das Pantheon, die Tiberinsel, mehrere Obelisken und die Stadtmauer.

Als der Plan im 16. Jahrhundert gemalt wurde, war die Kuppel des Petersdoms aber noch gar nicht fertig. Sie wurde nachträglich dazugemalt – so wie die meisten Obelisken, die erst später an ihrem heutigen Standort aufgestellt wurden.

Wenn ich damit fertig bin, haben die sowieso wieder irgendetwas dazugebaut...

Nach dem Gang der Landkarten geht es links zu den **Stanzen des Raffael** („stanza" bedeutet „Zimmer").
Papst Julius II. richtete hier seine Wohnung ein. Mit der Ausmalung der Räume beauftragte er einen der bekanntesten Maler der Renaissance: **Raffael.**

Meistens wirst du über einen Gang außen am Palast entlanggeleitet und kommst zuerst in die **Sala di Costantino** (den Saal des Konstantin). Dieser Raum wurde als letzter der von Raffael gestalteten Räume ausgemalt – um genau zu sein: erst nach seinem Tod.
Wie war das möglich?
Raffael starb, als die Arbeiten gerade begonnen hatten – seine Schüler malten den Raum fertig.

Vatikanische Museen

Übrigens

Das war aber kein großes Problem, denn damals war es üblich, dass bekannte Maler Mitarbeiter hatten, die ihnen halfen, die vielen Aufträge fertigzustellen. Raffael machte die Skizzen und malte Köpfe und andere wichtige Details. Seine Schüler übernahmen den Rest (natürlich unter der Aufsicht des Meisters).

Die Bilder in diesem Raum zeigen die Anfänge des Christentums in Rom unter Kaiser Konstantin.
Links siehst du die **Erscheinung des Kreuzes:** Konstantin spricht vor der Schlacht an der Milvischen Brücke zu seinen Soldaten. Plötzlich sieht er ein Kreuz am Himmel und daneben eine griechische Schrift. Übersetzt lautet sie „Unter diesem Zeichen wirst du siegen."

Rechts davon siehst du die **Schlacht an der Milvischen Brücke:** Konstantin hat den Soldaten befohlen, über den Feldzeichen mit dem römischen Adler ein Kreuz anzubringen und steht nun unter dem Schutz Gottes (die Schutzengel schweben über ihm). So gewinnt er die Schlacht. Sein Gegner Maxentius (auch er trägt eine Krone) ertrinkt im Tiber.

Rechts daneben ist die **Taufe Konstantins** dargestellt.

Und zwischen den Fenstern siehst du die **Schenkung Roms.** Es gibt nämlich eine Urkunde, in der steht, dass Konstantin dem Papst Rom schenkte. (Die Urkunde ist aber eine Fälschung.)

In der **Stanza di Eliodoro** siehst du über dem Fenster die **Befreiung des heiligen Petrus.** Die Bibel erzählt, dass Petrus wegen seines christlichen Glaubens ins Gefängnis gesperrt und von einem Engel befreit wurde.
Raffael stellte die Befreiung in drei Teilen dar: In der Mitte weckt der Engel Petrus, rechts führt er ihn an den schlafenden Wachen vorbei, und links alarmiert ein Soldat die erstaunten Kollegen. Das Besondere an dem Bild ist, dass Raffael das Licht in einer für die damalige Zeit ganz neuen Form einsetzte: Der Engel strahlt hell, die Nacht wird durch den Mond und die Fackel erhellt, und alles Licht spiegelt sich in den Rüstungen der Wachen.

Vatikanische Museen

Die **Stanza della Segnatura** diente Julius II. als Arbeitszimmer und Bibliothek. Passend dazu – und auch passend zur Renaissance, in der man sich ja die Antike zum Vorbild nahm – hat Raffael in der berühmten **Schule von Athen** die wichtigsten Gelehrten des antiken Griechenland dargestellt. Platon, Aristoteles, Sokrates, Pythagoras, Diogenes und viele andere haben sich in einer prächtigen Basilika versammelt.

Einigen Gelehrten gab Raffael die Gesichtszüge seiner Kollegen.

Entdeckst du sie?
Platon (in der Mitte mit roter Toga) bekam das Gesicht von **Leonardo da Vinci.**
Euklid (mit dem Zirkel auf eine Tafel zeichnend) stellte Raffael mit den Gesichtszügen des Architekten **Donato Bramante** dar.
Heraklit (mit dem Ellbogen auf einen Marmorblock gestützt) hat das Gesicht von **Michelangelo.**
Raffael hat sich auch selbst gemalt: Er schaut rechts vorn (mit schwarzer Mütze) aus dem Bild.

Für den letzten Raum, die **Stanza dell'Incendio di Borgo,** machte Raffael nur die Entwürfe. Sie wurden dann von seinen Schülern ausgeführt.

Übrigens

Alle Bilder in den Stanzen sind Fresken. Ein **Fresko** wird auf die frisch verputzte, noch feuchte Wand gemalt. Die Farben verbinden sich so mit dem Putz, und es entsteht ein besonders haltbares Bild.
Der Maler muss schnell arbeiten, denn sobald der Putz getrocknet ist, kann er nichts mehr ändern – dann müsste er alles wieder abkratzen und von Neuem beginnen.

Jetzt geht es zur **Sixtinischen Kapelle.** Sie ist nach Papst Sixtus IV. benannt, der sie bauen ließ. In ihr finden feierliche Gottesdienste und die Papstwahlen statt.

Mit den Fresken der **Seitenwände** beauftragte Sixtus IV. die berühmtesten Maler der frühen Renaissance. Weil die Wände ein einheitliches Kunstwerk ergeben sollten, wurde den Malern genau gesagt, was sie malen sollten: auf der rechten Seite Geschichten aus dem Leben von Moses und links Szenen aus dem Leben von Jesus. Moses erkennst du an dem gelben Gewand und dem grünen Umhang und Jesus an seinem Heiligenschein und dem roten Gewand mit dem blauen Umhang.

Vatikanische Museen

Die Fresken erzählen jeweils mehrere Geschichten, deshalb sind Moses und Jesus auf jedem Bild mehrmals dargestellt.

Einige Zeit später wurde Julius II. Papst. Er ließ die Peterskirche neu bauen, beauftragte Raffael mit den Stanzen und ließ die **Decke** der Sixtinischen Kapelle neu gestalten (davor zeigte sie einen Sternenhimmel). **Michelangelo** sollte diese Aufgabe übernehmen. Doch der wollte den Auftrag nicht annehmen – er war Bildhauer und kein Maler! Aber einem Papst kann man nicht so einfach absagen, und schließlich übernahm er die Aufgabe doch.

Die Arbeit war sehr anstrengend, denn Michelangelo musste die ganze Decke im Liegen bemalen. Und im Gegensatz zu Raffael arbeitete er fast ohne Gehilfen. Vier Jahre dauerte es, bis die Decke fertig war.

Sie zeigt in neun Bildern die Erschaffung der Welt und die Geschichte von Noah. Das berühmteste Fresko ist die Erschaffung Adams in der Mitte der Decke: Gott berührt Adam und erweckt ihn so zum Leben.

Als die Fresken enthüllt wurden, lösten sie eine Sensation aus, denn sie waren ganz anders als alles, was man bis dahin kannte!

Vergleich die Figuren mit denen an den Wänden: Im Gegensatz dazu wirken sie viel plastischer – Michelangelo war ja als Bildhauer gewohnt, dreidimensional zu arbeiten. Seine Figuren sind auch viel muskulöser und erinnern an antike Helden – man merkt, dass er den Torso vom Belvedere studiert hat.

23 Jahre später wurde Michelangelo auch mit der Altarwand der Sixtinischen Kapelle beaufragt. Als Gegenstück zu den Deckenfresken mit der Erschaffung der Welt stellte er hier das **Jüngste Gericht** dar, das am letzten Tag der Menschheitsgeschichte stattfinden soll.

Was schätzt du: Wie viele Figuren hat Michelangelo auf dem Fresko gemalt?
A: 193   B: 391   C: 913

Vatikanische Museen

Oben in der Mitte siehst du Christus als Richter über alle Menschen. Er wirkt sehr streng, alle scheinen Angst vor ihm zu haben – sogar seine Mutter Maria und die Heiligen, die um ihn herum stehen. Darunter rufen Engel mit Posaunen die Menschen herbei.

Links unten kommen die Toten aus ihren Gräbern, um vor Christus zu treten. Je nachdem, wie sein Urteil ausfällt, steigen sie in den Himmel auf (links neben den Engeln) oder stürzen in die Verdammnis (rechts unten). Unten in der Mitte (hinter dem Kreuz am Altar) siehst du den Eingang zur Hölle.

Michelangelo malte sich auch selbst. **Entdeckst du den heiligen Bartholomäus, der seine Haut in der Hand hält?** Sie trägt die (allerdings schwer erkennbaren) Gesichtszüge Michelangelos.

Wieder wirken die Figuren sehr plastisch – fast alle sind in Bewegung dargestellt. Und so wie in den Deckenfresken hat Michelangelo den Figuren auch hier muskulöse Körper gegeben.

Das Jüngste Gericht berührte die Menschen stark, weil es so dramatisch ist. Man sagt, dass der Papst auf die Knie gefallen sei und geweint habe. Doch das Bild wurde auch kritisiert, weil so viele Figuren nackt waren. Der Zeremonienmeister des Papstes schimpfte, dass die Gestalten vielleicht in ein Wirtshaus passen würden, aber nicht in die Kapelle des Papstes!

Darüber ärgerte sich Michelangelo. Aus Rache malte er den Zeremonienmeister als Höllenrichter mit Eselsohren, der von einer großen Schlange umwunden wird (rechts unten). – Nach Michelangelos Tod wurden die „unzüchtigen Stellen" aber doch mit Tüchern übermalt.

In der Sixtinischen Kapelle finden auch die **Papstwahlen** statt. Dazu treffen sich hier alle Kardinäle, die jünger als 80 Jahre sind. Die Abstimmung ist geheim, und nach jedem Wahlgang werden die Stimmzettel in einem Ofen verbrannt, der extra für die Wahl hier aufgestellt wird. Am Rauch kann man erkennen, ob die Wahl erfolgreich war: Denn wenn ein Papst gewählt ist (dazu braucht er mindestens zwei Drittel aller Stimmen), kommt weißer Rauch aus dem Schornstein. Wenn kein Kandidat genug Stimmen hatte, ist der Rauch schwarz. (Früher gab man dazu nasses Stroh ins Feuer, heute wird der Rauch mit Chemikalien gefärbt.)

Tipp: Wenn du auch den Petersdom ansehen möchtest, bietet sich (leider nicht immer) eine Abkürzung an: Am Ende der Sixtinischen Kapelle befindet sich rechts ein Ausgang und meistens auch das Schild: „Exit reserved to authorized guided tours". Der Ausgang führt zum Petersdom. Wenn die Tür geöffnet ist ist, dann schließ dich einfach einer Gruppe an. **Achtung:** Du kannst dann nicht mehr ins Museum zurück!

Katakomben

Katakomben sind **alte unterirdische Friedhöfe,** auf denen vor allem Christen bestattet wurden.

Warum wurden sie unter der Erde gebaut? – Grundstücke waren teuer, die meisten Christen aber arm (→ S. 9). Deshalb übernahmen sie den alten Brauch, unterirdische Friedhöfe anzulegen. Denn unter der Erde gab es unbegrenzt Platz. Wenn zusätzliche Gräber benötigt wurden, grub man einfach einen neuen Gang.
Praktisch, dass der Boden aus Tuff ist, einem Gestein, das sich leicht bearbeiten lässt. Im Lauf der Zeit entstanden so **kilometerlange Labyrinthe auf bis zu fünf Ebenen.**

Für das Graben der Gänge waren die **Fossoren** (das bedeutet: „Graber") zuständig. Sie mussten in ziemlicher Dunkelheit arbeiten, denn die Gänge wurden nur durch einige Lichtschächte und den schwachen Schein der Öllampen beleuchtet. Die Fossoren gruben auch die vielen Gräber in die Wände. Die sind nicht sehr groß, denn die Toten wurden **nicht in Särgen bestattet, sondern in Tücher gewickelt** und so in die Nischen gelegt. Dann verschloss der Fossor das Grab mit Ziegeln oder Marmorplatten. Doch obwohl die Gräber verschlossen waren, zog immer ein unangenehmer Verwesungsgeruch durch die Katakomben.

Hilf dem Fossor, den Weg zur Öllampe zu finden.

Katakomben

Es gibt auch aufwendigere Grabstätten. Hier waren wohlhabende Christen bestattet – oder Heilige.
Die **Heiligengräber** entwickelten sich zu Andachtsstätten. Viele Christen pilgerten hierher, und oft wurden **über diesen Gräbern Kirchen errichtet.** Das berühmteste Beispiel dafür ist der **Petersdom,** der an der Stelle gebaut wurde, wo man das Grab des heiligen Petrus vermutete.

Mit dem Ende des Römischen Reiches kamen **unruhige Zeiten,** und die Leichname der Heiligen waren in den Katakomben – die sich alle außerhalb der Stadt befanden – nicht mehr sicher. Deshalb **verlegte man sie in die Kirchen innerhalb der Stadtmauern.** Auch die Friedhöfe wurden später in der Stadt angelegt.

Von den circa **60 Katakomben** kann man heute noch fünf besichtigen. Im blauen Kästchen findest du die drei Katakomben, die regelmäßig deutsche Führungen anbieten. (Der Eintritt ist nur mit Führung möglich.)
Plane genug Zeit ein, damit du auf eine deutsche Führung warten kannst.

Calixtus-Katakombe (Catacombe di San Callisto)
- ✉ Via Appia Antica 110
- 🚌 **118** Catacombe S. Callisto
  218 Ardeatina/Fosse Ardeatine
- 🕐 9.00–12.00 und 14.00–17.00 Uhr, Mi geschlossen
  Geschlossen im Februar
- € Eintritt
- 💻 www.catacombe.roma.it
- ☎ 0039 06 513 0151

Sebastians-Katakombe (Catacombe San Sebastiano)
- ✉ Via Appia Antica 136
- 🚌 **118** Basilica S. Sebastiano (Auf der Rückfahrt fährt der Bus eine andere Route. Geh die Via Appia ein Stück nach links. Rechts zweigt die Via Appia Pignatelli ab, dort hält der Bus.)
  218 Ardeatina/Fosse Ardeatine
  660 Cecilia Metella
- 🕐 10.00–17.00 Uhr, So geschlossen
  Geschlossen Mitte Nov–Mitte Dez
- € Eintritt
- 💻 www.catacombe.org
- ☎ 0039 06 785 0350

Domitilla-Katakombe (Catacombe di Domitilla)
- ✉ Via delle Sette Chiese 282
- 🚌 **218** Ardeatina/Fosse Ardeatine
  716 Odescalchi/Bompiani
- 🕐 9.00–12.00 und 14.00–17.00 Uhr,
  Di geschlossen
  Geschlossen Mitte Dez–Mitte Jan
- € Eintritt
- 💻 www.domitilla.info
- ☎ 0039 06 511 0342

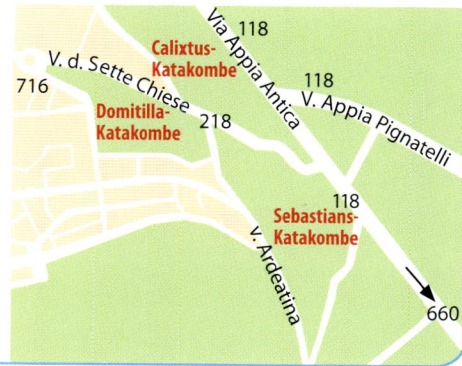

Kapuzinerkrypta, Katzenheim

Eine Begräbnisstätte der ganz anderen Art ist die **Kapuzinerkrypta** (Cripta dei Frati Cappuccini), in der mehr als 4.000 Kapuzinermönche begraben sind. Das heißt – „begraben" ist nicht der richtige Ausdruck: Die Mönche legten die Knochen und Schädel ihrer toten Mitbrüder nämlich zu Mustern und verarbeiteten sie zu „Kunstwerken". Auch Skelette und Mumien in Mönchskutten sind in der Krypta zu sehen.

Vor allem bei schönem Wetter wimmelt es am Largo di Torre Argentina nur so von Katzen! Hier ist nämlich ein Heim für streunende Katzen untergebracht. Freiwillige Helfer kümmern sich um sie.

Wie viele Katzen entdeckst du auf dem Platz?

✉ Via V. Veneto 27
Ⓜ **A** Barberini
🚌 **53, 61, 62, 63, 80, 83, 85, 160, 492** Barberini
🕐 täglich 9.00–19.00 Uhr (letzter Einlass 18.30 Uhr)
❗ Zutritt nur mit „angemessener" Kleidung: bedeckte Schultern, keine Shorts oder Miniröcke
€ Eintritt
💻 www.cappucciniviaveneto.it

Du kannst das Heim auch besuchen:
✉ Largo di Torre Argentina (an der Süd-West-Ecke der Ausgrabungen)
🚌 **30, 40, 46, 62, 64, 70, 81, 87, 492, 628, 916** Argentina
🕐 täglich 12.00–18.00 Uhr
€ Eintritt frei
💻 www.gattidiroma.net
☎ 0039 06 6880 5611

Ein bisschen Italienisch

C wird wie **k** ausgesprochen, außer vor **e** und **i**. Dann klingt es wie **tsch**. Casa (Haus) wird also „kasa" ausgesprochen und cinque (fünf) „tschinkwe".
G wird wie **g** ausgesprochen, außer vor **e** und **i**. Dann klingt es wie **dsch**: gelato (Eis) = „dschelato".
Gn wird wie **nj** ausgesprochen: bagno (WC) = „banjo".
Ch wird wie **k** ausgesprochen: chiesa (Kirche) = „kjesa".

Das Wichtigste

Guten Tag!	Buon giorno!
Guten Abend!	Buona sera!
Auf Wiedersehen!	Arrivederci!
Hallo! Tschüs!	Ciao!
ja	si
nein	no
bitte	per favore
danke	grazie
Entschuldigung	scusi

Zahlen

0	zero	6	sei
1	uno	7	sette
2	due	8	otto
3	tre	9	nove
4	quattro	10	dieci
5	cinque	100	cento
		1000	mille

Dies und das

Ich möchte …	Vorrei …
Wieviel kostet das?	Quanto costa?
Bitte, wo ist …?	Scusi, dov'è …?
Museum	museo
Kirche	chiesa
Hotel	albergo
Haltestelle	fermata
Achtung!	Attenzione!
Hilfe!	Aiuto!
heute	oggi
gestern	ieri
morgen	domani
offen	aperto
geschlossen	chiuso
groß	grande
klein	piccolo

Damit du nicht verhungerst

essen	mangiare
trinken	bere
Eis	gelato
eine Kugel (Eis)	una pallina
Brot	pane
Semmel/Brötchen	panino
Nudeln	pasta
Pommes frites	patatine fritte
Wasser	acqua
Mineralwasser	acqua minerale
mit Kohlensäure	con gas
ohne Kohlensäure	senza gas
Milch	latte
Fruchtsaft	succo di frutta
Teller	piatto
Glas	bicchiere
heiß	caldo
kalt	freddo

Römische Zahlen

Römische Zahl	I	V	X	L	C	D	M
Unsere Zahl	1	5	10	50	100	500	1.000

Normalerweise werden alle römischen Zahlen zusammengerechnet. Ausnahme: Wenn I, X oder C links von einer größeren Zahl stehen, musst du sie abziehen.
Also: IV = 4, IX = 9, XL = 40, XC = 90, CD = 400, CM = 900, MMXIX = 2019

Welche Zahl ist das?
MCMXLIV

Im Buch haben sich versteckt:

- ○ eine Öllampe
- ○ ein Bagger
- ○ eine Polizeimütze
- ○ ein Schwimmreifen
- ○ eine Mülltonne
- ○ gelbe Gummistiefel
- ○ ein Taschenrechner
- ○ zwei Löwen
- ○ eine Schaukel
- ○ ein Esel
- ○ eine Leiter
- ○ noch eine Leiter
- ○ noch eine Leiter
- ○ und die vierte Leiter
- ○ ein Zirkel
- ○ ein gelber Stern
- ○ die italienische Fahne
- ○ eine Malerpalette
- ○ zwei Baupläne
- ○ zwei Schwerter
- ○ eine Kaffeetasse
- ○ ein Orden
- ○ ein Bleistift
- ○ ein Koffer

Entdeckst du sie?

Suchrätsel

Findest du die zehn Unterschiede?

Das Bild zeigt **Papst Benedikt XIV.** Du findest es in den Vatikanischen Museen (Pinakothek, Saal XV).
Der Maler **Giuseppe Maria Crespi** schuf das Bild, als Benedikt XIV. noch nicht Papst war, sondern Kardinal und Erzbischof von Bologna. Deshalb trug er auf dem Bild ursprünglich ein Kardinalsgewand. Als er dann zum Papst gewählt wurde, wollte er das Bild in den Vatikan mitnehmen, und deshalb wurde es von Crespi "aktualisiert": Er malte ein Papstgewand über das Kardinalsgewand und fügte die Papstkrone rechts auf dem Tisch dazu.

Witze

Federico ist Ticketverkäufer im Forum Romanum. Eines Tages kommt er zu spät. Ein Tourist wartet schon und sagt vorwurfsvoll: „Eine halbe Stunde zu spät!" Federico nickt und meint: „Ich auch."

Signora Colleoni überredet ihren Sohn Giovanni, mit ihr die Kuppel des Petersdoms zu besteigen. Oben angekommen ist Giovanni total erschöpft. Signora Colleoni will ihn aufmuntern: „Schau mal runter, wie schön das ist!" Da schimpft Giovanni: „Mamma mia! Das kann doch nicht dein Ernst sein! Du schleppst mich hier rauf, nur damit ich sehen soll, wie schön es unten ist?"

„Und bitte passen Sie auf", sagt der Fremdenführer auf dem Dach des Petersdoms. „Hinter mir ist kein Geläääää …"

Vor der Tiberfahrt mit dem Ausflugsboot fragt Sofia ängstlich: „Geht so ein Schiff öfter unter?" – „Aber nein", antwortet der Kapitän, „nur einmal. Dann bleibt es unten."

Francesco setzt sich mit seinem Hund auf die Spanische Treppe. Der Mann neben ihm murrt: „Kannst du dich mit deinem Köter nicht woanders hinsetzen? Ich spüre schon einen Floh an meinem Bein hinaufkrabbeln!"
„Komm", sagt Francesco zu seinem Hund, „wir gehen. Der Mann hat Flöhe."

Tante Chiara besucht ihre Verwandten in Rom. Sie kommt aus einem kleinen Dorf in Sizilien und fürchtet sich vor der Kriminalität in der Großstadt.
„Ist es in Ordnung, wenn ich in der Nacht das Licht anlasse? Wegen der Einbrecher."
„Ach, das musst du nicht", sagt da ihr Neffe Davide. „Die haben ja Taschenlampen."

Familie Maccheroni hat ein Taxi bestellt. Anna will mit einem Stück Pizza einsteigen. Der Taxifahrer schimpft: „Das ist ein Taxi, kein Speisewagen!"
Darauf Anna: „Ich weiß, deshalb habe ich mir mein Essen ja auch mitgebracht."

Luca rast zur Stazione Termini. „Erwische ich noch den Zug nach Bologna?", fragt er den Bahnhofsschaffner.
„Das hängt davon ab, wie schnell du bist. Abgefahren ist er vor vier Minuten."

„Bringt mich dieser Weg zum Vatikan?", fragt der Tourist. „Nein, da müssen Sie schon selbst gehen."

Witze

Gaia kommt keuchend zur Stazione Termini. Der Zug fährt ihr vor der Nase davon. „Hast du den Zug verpasst?", fragt eine alte Signora mitleidsvoll. „Nein, nein", antwortet Gaia. „Ich wollte ihn nur aus dem Bahnhof scheuchen."

Antonio zu Pietro: „Wo warst du denn so lange?" – „Es tut mir leid, aber ich habe zwei Stunden vor dem Pantheon auf die Straßenbahn gewartet." – „Aber dort fährt doch gar keine Straßenbahn." „Ach! Darum hab ich so lange gewartet!"

Der Lehrer zeigt der Klasse in der Sixtinischen Kapelle Michelangelos Deckenfresko von Adam und Eva. Er fragt: „Wie lange waren Adam und Eva im Paradies?" Simona: „Bis zum Herbst." „Wieso bis zum Herbst?" – „Weil dann die Äpfel reif sind."

„Betest du jeden Abend?" fragt der Pfarrer den kleinen Ludovico. „Nein, das macht meine Mamma für mich." – „Und was betet sie?" – „Gott sei Dank, dass er endlich im Bett ist."

Der Religionslehrer möchte wissen, wer zu Hause vor dem Essen betet. Giorgio meldet sich: „Wir müssen nicht beten, meine Mamma kann kochen."

Giulia wird von ihrer Mutter zum Einkaufen auf den Campo de'Fiori geschickt. „Ein Kilo Kartoffeln", sagt sie zum Gemüsehändler. „Aber bitte nur ganz kleine. Ich kann nämlich nicht so schwer tragen."

Signora Rosso beschwert sich beim Gemüsehändler am Campo de'Fiori: „Ich hatte gestern vier Kilo Tomaten bestellt, aber Sie haben nur zwei geliefert!" „Das hat schon seine Richtigkeit", antwortet der Gemüsehändler, „die Hälfte war leider schon faul. Die habe ich gleich für Sie weggeworfen."

Die Signora ist stinksauer auf ihre Kinder: „Mamma mia! Könnt ihr nie einer Meinung sein?"
„Sind wir doch", sagt Alessandro. „Elena will das größere Stück Kuchen haben und ich auch."

Rom-Quiz

Wenn du die Buchstaben an der vorgesehenen Stelle einsetzt, erhältst du den Lösungssatz.

Wann wurde Rom der Sage nach gegründet?
1111 vor Christus .... U
753 vor Christus .... N   **14**
33 vor Christus .... O

Und von wem?
von Julius Cäsar .... D
von Giacomo und Antonio ..... U   **8**
von Romulus und Remus .... E

Wie hieß der wichtigste Platz im antiken Rom?
Petersplatz .... T
Piazza del Popolo .... R   **13**
Forum Romanum .... E

Wie wurde das Kolosseum früher genannt?
Circus Maximus .... W
Marcellus-Theater I   **4**
Flavisches Amphitheater .... E

Was war das Pantheon?
der Kaiserpalast .... W
ein Tempel .... A   **16**
ein Versammlungsplatz .... S

Was brachten die Römer als Kriegsbeute aus Ägypten mit?
Obelisken .... W
Pyramiden .... A   **5**
Mumien .... S

Was kopierten die Römer in der Antike?
jüdische Kunst .... A
griechische Kunst L   **2**
chinesische Kunst .... T

Wer war der erste Bischof von Rom?
Paulus I
Petrus C   **17**
Konstantin .... H

Womit wird der heilige Petrus dargestellt?
mit einem Löwen .... T
mit zwei Schlüsseln .... Ü   **10**
mit seiner Haut .... R

Wie heißt das Oberhaupt der Katholiken?
Papst .... A
Konsul .... B   **1**
Senator .... T

Wie hießen die Friedhöfe der Christen?
Ghetto .... T
Katakomben .... O   **20**
Basiliken .... D

Wie heißt der Staat, der sich in Rom befindet?
Vatikan .... R
Lateran .... O   **12**
Ghetto .... M

80

Quiz

Wo versteckten sich die Päpste bei Gefahr?
in der Engelsburg .... H
im Ghetto .... O
auf der Tiberinsel .... F

18

Wie heißt die Armee des Vatikans?
Schweizergarde .... M
Römerheer .... U
Heilsarmee .... T

21

Wozu diente die Bocca della Verità?
als Zeitmaschine .... U
als Lügendetektor .... H
als Briefkasten .... R

11

Wie hieß das jüdische Viertel?
Trastevere .... O
Ghetto .... R
Trajansforum .... T

19

Was gibt es in Rom?
sprechende Statuen .... E
betende Brunnen I
singende Säulen .... S

6

Woran erinnert der Trevi-Brunnen?
an den Cäsar-Tempel .... U
an den Konstantin-Bogen ...... F
an die Laterankirche .... O

9

Welches Tier hat für Rom große Bedeutung?
Wölfin .... G
Möwe .... N
Kuh .... U

7

Welcher Fluss fließt durch Rom?
Tiber .... N
Rhein I
Donau L

15

Wie viele Menschen leben in Rom?
1,9 Millionen .... E
2,9 Millionen L
3,9 Millionen .... F

3

Lösungssatz:

__ __ __ __   __ __ __ __
1 2 3 4   5 6 7 8

__ __ __ __ __ __
9 10 11 12 13 14

__ __ __ __   __ __ __!
15 16 17 18   19 20 21

Lösungen

Seite 4:

Seite 16: Antwort A
Seite 17: Antwort C
Seite 19:
- Schiffsschnäbel
- Antwort C: Am Ende der Inschrift findest du die Abkürzung „S.P.Q.R.".

Seite 21: Antwort A. Das tat Augustus natürlich nicht ohne Hintergedanken: Wenn sein Adoptivvater ein Gott war, bedeutete das auch, dass er, Augustus, Sohn eines Gottes war.

Seite 27:

Seite 29: Antwort C (Sitz- und Stehplätze). Zum Vergleich: Ins Olympiastadion Berlin passen 75.000 Zuschauer, ins Ernst-Happel-Stadion in Wien 51.000 und in den St. Jakob-Park in Basel 39.000.

Seite 30: LIIII = 54

Seite 33: Die Sonnensegel bedeckten nicht das ganze Kolosseum, und so waren zwar die oberen Ränge stets beschattet, aber ausgerechnet die Plätze der wichtigsten Leute waren nicht immer vor der Sonne geschützt. (Bei Regen wurden nur die Kämpfer in der Arena nass.)

Seite 36:
- Die heilige Agnes befindet sich links neben dem rechten Kirchturm.
- Antwort A

Seite 39:
- Antwort B
- Das Grab von Viktor Emanuel II. befindet sich in der zweiten Nische rechts, das von Umberto I. in der zweiten Nische links. Und Raffael hat sein Grab zwischen der zweiten und der dritten Nische links.

Seite 41: Antwort C
Seite 46: Antwort E
Seite 48: Antwort A
Seite 49: Links ist der Nil (mit Sphinx) dargestellt und rechts der Tiber (mit Romulus und Remus und der Wölfin).

Seite 51:
- Antwort A
- Die Stolpersteine befinden sich vor den Häusern Nr. 19, 10, 27 und 2.

Seite 52: Der Sage nach wurde Rom im Jahr 753 v. Chr. gegründet: 2221 – 753 = 1468
Das Haus wurde also im Jahr 1468 gebaut.

Seite 55:

Priester Bischof Kardinal Papst

Seite 58: Du findest die lateinische Bezeichnung „Templum Cathedrale Coloniense" bei der Längenmarkierung 134,94 Meter.

Seite 61: Antwort B
Seite 64: Antwort C
Seite 65: Sesselbezug
Seite 66: Antwort B
Seite 67: Die Karte der Stadt Rom befindet sich auf der linken Seite, rechts vom 10. Fenster (bei der Karte „Latium et Sabina").

Seite 69:

Leonardo da Vinci, Raffael, Michelangelo, Donato Bramante

Seite 70: Antwort B

Lösungen

Seite 71:

Seite 72:

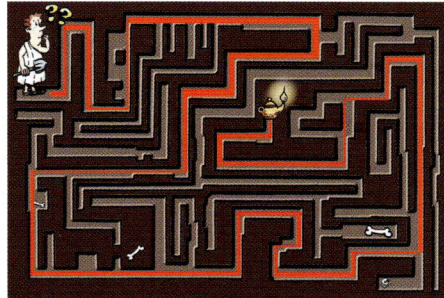

Seite 76:
1944

- Öllampe: S. 72
- Bagger: S. 11
- Polizeimütze: S. 58
- Schwimmreifen: S. 35
- Mülltonne: S. 18
- gelbe Gummistiefel: S. 41
- Taschenrechner: S. 7
- Löwen: S. 62
- Schaukel: S. 74
- Esel: S. 65
- vier Leitern: S. 9, 22, 27, 39
- Zirkel: S. 19
- gelber Stern: S. 54
- italienische Fahne: S. 11

- Malerpalette: S. 67
- zwei Baupläne: S. 45
- zwei Schwerter: S. 8
- Kaffeetasse: S. 42
- Orden: S. 63
- Bleistift: S. 65
- Koffer: S. 10

Seite 77:

Seite 80:
- 753 vor Christus
- Romulus und Remus
- Forum Romanum
- Flavisches Amphitheater
- ein Tempel
- Obelisken
- griechische Kunst
- Petrus
- mit zwei Schlüsseln
- Papst
- Katakomben
- Vatikan
- in der Engelsburg
- Schweizergarde
- als Lügendetektor
- Ghetto
- sprechende Statuen
- an den Konstantin-Bogen
- Wölfin
- Tiber
- 2,9 Millionen

Lösungssatz: Alle Wege führen nach Rom.
Dieser Spruch bezieht sich darauf, dass im antiken Römischen Reich alle Straßen in Rom begannen – und daher auch dorthin führten (→ Goldener Meilenstein S. 20).

Register

Agrippa	38, 41	**H**adrian	38, 39, 63
Ägyptisches Museum	65–66	Hadrian-Tempel	39
Antoninus Pius	21–22	Haus der Vestalinnen	15, 21
Apollon vom Belvedere	66	Haus des Augustus	23, 25
Apsis	18	Hütte des Romulus	23, 24
Aquädukt	40		
Augustus	9, 25	**I**nnozenz X.	36, 37
Babuino	43	**J**ulius II.	55, 67, 69, 70
Basilika	18	Julius Cäsar	8, 25, 45
Basilika Aemilia	15, 17	Jüdisches Viertel	50–52
Basilika Julia	15, 20, 49		
Benedikt XIV.	77	**K**aiserforen	45
Bernini, Gian Lorenzo	13, 36, 42, 56, 59, 60, 61	Kaiserpalast am Palatin	15, 21, 23, 25–26
		Kapitol	47–49
Bernini, Pietro	42	Kapitolinische Museen	5, 22, 48, 49
Bocca della Verità	50	Kapitolinische Wölfin	49
Bootsbrunnen	42	Kapuzinerkrypta	74
Borromini, Francesco	13, 36	Katakomben	72–73
Bramante, Donato	13, 69	Katzenheim	74
		Kirchenstaat	10, 11, 51
Campo de' Fiori	35	Kolosseum	12, 28–33, 49
Canova, Antonio	62	Konstantin	9, 10, 22, 27, 54, 55, 68
Caracalla-Thermen	35		
Cäsar	8, 25, 45	Konstantin-Bogen	23, 27, 33, 41
Cäsar-Tempel	15, 20–21		
Circus des Nero	54, 55, 56	**L**aokoon-Gruppe	66–67
Circus Maximus	23, 26	Largo di Torre Argentina	74
Cloaca Maxima	16	Lateran	54, 55, 56
Cosmaten-Mosaike	12, 50, 53	Laterankirche	55, 56
		Ludus Magnus	33
Da Vinci, Leonardo	65, 69		
Domitian	25, 29	**M**arcellus-Theater	49
		Mark-Aurel-Denkmal	48
Engelsburg	63	Mark-Aurel-Säule	47
Etrusker	8, 12, 16	Maxentius	22, 27, 68
		Maxentius-Basilika	15, 22
Forum Romanum	15–22, 24, 45, 49	Michelangelo	13, 48, 58, 59, 64–65, 67, 69, 70, 71
Franziskus I.	11, 54, 55		
Fresko	69	Mussolini, Benito	11
Geschichte	8–11	**N**abel der Stadt	15, 19
Ghetto	50–52	Nationaldenkmal	39, 47
Gladiatoren	32, 33	Nero	9, 29, 55
Goldener Meilenstein	15, 20		
Grab des heiligen Petrus	55, 57, 60, 62, 73	**O**belisken	13, 26, 37, 39, 43, 56

Register

Palatin	23–27
Palazzo Farnese	13, 35
Palazzo Pamphili	36
Pantheon	34, 38–39
Pasquino	35, 37
Paul III.	35
Paul IV.	51
Petersdom, Peterskirche	10, 13, 54, 55, 56, 57–63, 70, 73
Petersplatz	56
Petrus	9, 10, 54, 55, 56, 59, 68
Petrus-Grab	55, 57, 60, 62, 73
Petrus-Statue	57, 59
Piazza del Popolo	39, 43
Piazza di Spagna	42
Piazza Farnese	35
Piazza Navona	36–37
Piazza Venezia	39, 43
Pietà	57, 58, 64
Ponte Fabricio	52
Portunus-Tempel	12
Quirinal	45–46
Raffael	13, 39, 60, 65, 67–69, 70
Rathaus	19, 49
Romulus	24
Romulus und Remus	4, 7, 8, 21, 49
Salvi, Nicola	41
San Giovanni in Laterano	12, 55
Sant'Agnese in Agone	13, 36–37
Santa Maria in Aracoeli	48
Santa Maria in Cosmedin	12, 44, 49–50, 53
Santa Maria in Trastevere	44, 53
Santa Trinità dei Monti	42
Saturn-Tempel	15, 20, 49
Schweizergarde	54, 63
Senat	8, 18
Septimius Severus	19
Sixtinische Kapelle	69–71
Sixtus IV.	69
Spanische Treppe	42
Sprechende Statuen	35, 37, 43
Staatsarchiv	15, 19, 49
Stanzen des Raffael	67–69, 70
Synagoge	51
Tempel des Antoninus Pius und der Faustina	15, 21–22
Tempel des Portunus	12
Tempel des Saturn	15, 20, 49
Theodosius	9
Tiber	8, 52–53
Tiberinsel	8, 52–53
Titus	22, 29
Titus-Bogen	15, 22
Torso vom Belvedere	67
Trajan	45, 46, 47
Trajansforum	45–47
Trajansmärkte	45–46
Trajanssäule	46–47
Trastevere	50, 53
Trevi-Brunnen	13, 40–41
Triumphbogen des Septimius Severus	15, 19, 49
Umberto I.	39
Urban VIII.	42, 59
Vatikan	6, 11, 54–55, 56
Vatikanische Museen	60, 64–71, 77
Vespasian	29
Vesta-Tempel	15, 21
Vestalinnen	21
Via dei Fori Imperiali	45, 46
Vier-Ströme-Brunnen	36–37
Viktor Emanuel II.	39, 47
Villa Borghese	43

Bildnachweis

Bildnachweis:
IMAGNO/Austrian Archives: 70, 74 l.
Fotolia: theshoother: Titelbild, 40 o. M.; sborisov: 13 u. l.; Jenifoto: 12 u. l., 28; liquid studios: 13 u. r.; fusolino: 40 u. l.
Wikipedia: Diego: 40 u. r.

Alle anderen Fotos: Verlag Lonitzberg

Die Angaben in diesem Buch wurden nach bestem Wissen erstellt und sorgfältig überprüft. Dennoch können sich Fehler eingeschlichen oder Öffnungszeiten u. Ä. geändert haben. Wir bitten, dies zu berücksichtigen.

Für Hinweise und Korrekturen sind wir dankbar: info@lonitzberg.at